박수길 대사가 들려주는

# 그동안 우리가 몰랐던
# 대한민국 외교 이야기

박수길 대사가 들려주는

# 그동안
# 우리가
# 몰랐던

# 대한민국
# 외교
# 이야기

DIPLOMATIC HISTORY
OF KOREA

비전코리아

Diplomat of Korea

Park Soo-Gil

이 책은 한 전직 외교관의 단순한 회고록이라기보다 한국 국민, 특히 젊은이들이 가져야 할 '꿈과 비전'을 제시한 책이라고 생각된다. 가난한 변방 국가였던 한국의 외교관이 조국을 선진국 대열로 끌어올리면서 국격을 높이는 데 그간 노력했던 역할이 생생하게 기록한 증언서이기도 하다. 외교관의 꿈을 가진 젊은 친구들뿐 아니라 대한민국 국민이면 읽어야 할 책이라고 생각한다.

_김동기(고려대학교 석좌 교수, 대한민국학술원 회원)

36년간 대한민국의 외교를 이끌어 오고 그 일선에서 활약한 박수길 대사는 가장 유능하고 존경받는 외교관 중의 한 사람으로 꼽힌다. 그는 국가적으로 어려운 환경에서 중요한 고비마다 외교 문제를 해결하고 처리하는 데 결정적인 역할을 하였다. 이 책에서 그는 남북한의 외교전과 유엔 동시 가입, 안보리 이사국 시절의 유엔대사로서의 역할, 쌀시장 개방과 우루과이 라운드 협상, KAL기 폭파사건 때의 김현희 압송 등 주요 외교 사안과 관련된 외교의 전략과 전술, 그리고 그에 따른 뒷이야기를 진솔하고 흥미 있게 기술해주고 있다. 특히 젊은이들에게 자긍심과 소명의식, 그리고 비전을 주기 위해 쓴 이 책은 모든 독자에게 넓은 안목과 지식을 제공해줄 것이다.

_한승주(고려대학교 정치외교학과 명예교수, 전 외무부장관)

박수길 대사만큼 지식인 사회와 한국 외교의 문제점을 논의하고 해법을 모색한 외교관은 아마도 없을 것이다. 그는 늘 현실과 이론의 간극을 좁히려는 모습을 견지해왔다. 이 책은 어떻게 국익을 극대화하고 국가와 민족의 긍지를 고양시킬 것인가에 대해 중요한 메시지를 전달하고 있다. 전문가들에게는 의미 있는 자료의 원천이요, 외교 신참자들에게는 훌륭한 길잡이가 될 것이다.

_장달중(서울대학교 정치외교학부 명예교수)

오랜 세월이 흘렀음에도 1960년대 초반 첫 해외 근무지였던 LA 어느 주유소에서 나를 바라보던 미국인 직원의 눈길이 아직도 잊히지 않는다. 그는 외교관 번호판이 붙어 있는 나의 자동차와 내 얼굴을 번갈아 쳐다보며 몇 번이나 히죽 웃었다. 그건 냉소의 시선 같았고, 어떤 면에서는 연민의 표시이기도 했다. 한 나라를 대표하는 외교관이 주유소 직원에게조차 인정받지 못하던 것이 당시 세계의 눈에 비친 우리나라의 모습이었다.

그로부터 50여 년이 지난 현재 우리나라의 국제적 위상은 그때와는 비교조차 할 수 없이 높아졌다. 대한민국의 지난 반세기는 무시와 수모에서 존경과 감탄으로 바뀌어온 시간이었다. 그런 비약적인 발전을 외교 일선에서 수십 년간 몸으로 직접 겪어온 나로서는 가슴 뭉클한 감회를 느끼지 않을 수 없다.

이 책은 필자가 반평생의 외교활동을 통해 겪은 경험을 되새겨 이야기 형식으로 꾸민 것이다. 우리 외교는 참으로 파란만장한 역정을 겪었으며 우여곡절의 비사로 점철되어 있다. 그 모든 외교사를 필자가 다 알 수는 없지만 고비고비 중요한 국면에서 내 나름대로 참여하고 관찰한 바가 있어 이를 세상에 전달하는 것이 하나의 의무라고 생각하여 이 책을 집필하기로 했다.

그런 뜻에서 우리 젊은이들에게 당부하고 싶은 이야기도 있어 이 자리를 빌려 몇 마디 덧붙여본다. 대한민국은 2000년대 초반부터 '글로벌 코리아Global Korea'의 기치 아래 세계 문제Global Issue 해결에 더 적극적으로 참여하겠다는 자세를 보여왔다. 우리는 G20 의장국을 맡았던 경험을 발판으로 이제 세계 상위 20개국 중의 하나로, 또 그 리더로서 활동하기 시작하였다. 이제 한국은 인도주의적인 활동을 비롯하여 다른 국가의 발전에 도움을 주는 일들, 즉 빈곤 퇴치, 개발경험의 공유, 세계보건 문제Global Health Problem 해결 등의 분야에 적극적으로 기여하고 있다. 이처럼 세계적 공공재public good의 증진에 보다 적극적으로 참여하는 것은 선진국의 문턱에 선 한국이 당연히 가져야 할 도덕적 의무임에 틀림없다.

더불어 대한민국의 미래를 위해 고려해야 할 또 하나의 도전은 한반도 통일 문제이다. 미국의 한 정보기관이 5년마다 발행하는 보고서에서는 한국이 2025년 이전에 통일될 가능성이 높은 것으로 시사하고 있다. 이런 분석이 아니라도 동북아 정세의 미묘한 변화 속에서 날로 악화되어가는 북한의 제반 상황을 지켜보면서 통일의 길이 더욱 가까워오고 있음을 느낀다.

〈뉴욕타임스The New York Times〉의 저명한 칼럼니스트인 토마스 프리드먼은 어느 기자회견에서 "한국은 무한한 두뇌의 샘을 가지고 있다. 이것이 한국의 진정한 자원이다"라고 말한 바 있다. 이제 한국은 외교의 지평을 더욱 넓히고, 한반도 통일을 준비하는 일에 집중해야 한다. 우리 젊은 세대의 앞길에는 더 광범위해진 세계화와 함께 무한한 가능성과 도전이 기다리고 있다. 소명의식과 열정만 있다면 세계 속에서 꿈을 실현할 기회가 얼마든지 있다. 그들이 한반도를 넘어 아시아로, 세계로 나아가 마음껏 미래의 꿈을 펼치기를 소망한다.

우리 젊은이들은 자신이 한국인임을 절대 잊지 말아야 하며 스스로 한국인임을 자랑스러워해야 한다. 한편 우리는 한국인이면서 동시에 세계시민Global citizen이므로 우리가 꿈을 펼칠 무대는 전 세계라는 것을 명심해야 한다.

세계시민으로서의 역할을 수행하기 위하여 젊은이들에게 가장 중요한 것은 꿈과 비전이다. 그리고 뚜렷한 비전을 설정한 후에는 그 비전에 걸맞는 전략을 구상해야 한다.

요즘 영화 〈명량〉의 열풍이 시사하듯 이순신의 리더십이 크게 주목받고있는데, 열두 척의 배로 백 수십 척의 왜군을 무찌른 그의 리더십이야말로 구체적인 비전과 전략이었음을 잊지 말아야 한다.

필자는 우리 젊은이들에게서 한국의 밝은 미래를 본다. 다양한 분야에서 사명감과 열정을 가진 젊은이들과 창의적인 아이디어로 세계 최고 수준에 도전하는 모습을 많이 봐왔기 때문이다. 대한민국이라는 좁은 땅덩어리에서 태어나 세상을 움직이고 변화시키려면 오직 그들의 꿈이 그 밑천이다.

우리 젊은이들이 이 책을 통해 자신의 꿈을 가다듬으며 도전의 열망과 자신감을 조금이라도 얻을 수 있었으면 하는 것이 나의 간절한 바람이다.

# DIPLOMATIC HISTORY OF KOREA

## 1장 : 외교관은 나의 운명이었을까

## 2장 : 한국 외교사의 사건 사고들, 그 중심에 서다

## 3장 : 휴전이 없는
## 북한과의 외교전

## 4장 : 외교관들만 아는
## 외교가의 뒷이야기

### 외교사의 주요 장면들

# DIPLOMATIC HISTORY OF KOREA

## 1장

## 외교관은
## 나의 운명이었을까

# 빈촌 시골에서
# 유엔 대사로

나의 고향은 경북 경산군 압량면 백안동이라는 벽촌이다.

어린 시절을 생각하면 가난했다는 기억이 가장 먼저 떠오른다. 내가 태어나기 전에는 우리집이 인근에서 제법 잘사는 집이었다고 한다. 그런데 내가 세 살 되던 해에 아버지가 삼십대 후반의 젊은 나이로 돌아가셨다.

그때부터 어머니는 혼자 우리 4남매를 키우느라 평생 고생을 하셨다. 덩달아 어린 나도 안 해본 일이 없다. 논밭을 매고 벼 베기를 하다가 낫에 손을 다쳐 어머니가 가마솥에 붙은 검댕이로 지혈을 시켜준 적도 있는데, 그 흔적이 아직도 손가락에 뚜렷이 남아 있다. 옆집 소를 들판으로 몰고 나가 풀을 먹이고, 그 대가로 계란 몇 개를 얻어와 밥 비벼먹는 게 소원이던 시절이었다.

그런 가난 속에서도 자식들을 모두 고등교육까지 시킬 정도로 어머니의 교육열은 높았다. 아직 일제 치하이던 그 당시는 동네에 초등학교 나온 사람조차 별로 없었고 여자아이들은 아예 학교에 보낼 생각도 하지 않았다. 어머니는 한글을 잘 쓰셔서 동네 사람들의 편지를 자주 써주시곤 했다.

그런데 어머니는 끼니를 거르는 한이 있어도 우리들을 학교에 꼭 보냈다. 먹고살기도 힘든데 쓸데없는 짓을 한다고 동네사람들이 손가락질을 할 정도였다. 자식들이 비교적으로 다들 공부를 잘해서 더 그러셨는지도 모른다. 두 분 누님이 모두 학교에서 우등생이었고, 나도 학급 석차가 5등 안팎은 된 것 같다.

그럼에도 나는 정규교육을 제대로 받은 편이 못 된다. 중학교 4학년 때 6·25전쟁이 일어나 고등학교와 대학 과정 모두 다니다 말다 하며 어수선하게 학업을 마쳤다.

나중에 외교관이 되어서도 그 점이 가장 아쉬웠다. 외교관은 여러 나라 유수한 인재들과 교류하게 되므로 외교와 직접 관련된 전문지식 외에 철학, 역사, 문학 등 다방면의 교양이 두루 필요하다. 그런데 나는 공부를 지속적으로 하지 못하고 툭툭 건너뛰다 보니 그런 면에 약할 수밖에 없었다. 그 점을 보완

하느라 개인적으로 다양한 책을 많이 읽었다. 그러나 한창 배워야 할 나이에 체계적인 교육을 거치지 못하고 뒤늦게 인문적 소양을 갖추려 하니 한계에 부딪힐 때가 많았다.

전쟁으로 학업도 중단한 채 방황에 가까운 십대를 보내던 중 한번은 헌병이 될 생각을 했다. 빳빳하게 다려 입은 군복에 검은색 파이버fiber(섬유로 만들어 철모 밑에 받쳐 쓰는 모자)를 쓰고 있는 헌병이 그때는 참 멋있어 보였다. 그래서 자형과 함께 헌병대에 자원입대 하러 찾아갔는데 자형은 키가 너무 커서 안 되고, 나는 어려서 안 된다고 했다.

그 무렵 우연한 계기로 내 인생에서 여러모로 의미가 있는 경험을 하게 된다. 어쩌면 그때의 경험이 나를 외교관이라는 직업으로 이끈 것인지도 모르겠다.

어느 날 동네에 미군이 들어와 우리 시골집 근처 강가에 주둔했다. 그 부대는 클린턴 전 미국 대통령의 고향인 아칸소 주 출신들이 주축이 된 국토방위군National Guard의 936야포대대였다. 할 일이 없던 나는 자주 그곳으로 가 병사들의 심부름도 해주면서 어울렸다. 내 영어 수준이래야 손짓발짓 해가며 아주 간단한 회화만 겨우 할 정도였지만 시골에서 그나마 외국인과 대화가 가능한 사람은 내가 유일했다.

그러다 보니 그 부대의 대대장인 브라젤Brazel 대위가 나를 좋게 봐주었고, 얼마 후 부대가 경기도 연천 지역으로 이동하려 할 때에 대대장이 나를 부르더니 자기 부대와 함께 가면 어떻겠느냐고 의향을 물었다. 청소와 잔심부름을 해줄 하우스키 퍼로 데려가고 싶다는 말이었다.

나쁘지 않을 것 같아서 나는 곧장 집으로 가 어머니에게 물었다. 어머니는 처음에는 반대했다. 전쟁을 하고 있는 외국인 부대에 어린 자식을 딸려 보내는 게 당연히 마음이 안 놓였을 것이다. 하지만 나는 여러 번이나 강하게 졸라 결국 허락을 받아냈다. 그렇게 해서 한동안 그 부대를 따라다니며 생활했다. 1952년 2월부터 1953년 10월까지였다고 기억한다.

부대와 함께하는 생활은 고단하면서도 재미있었다. 잡일을 하는 일종의 하우스보이에 불과했지만 대대장을 비롯해 여러 장교와 사병들이 나를 귀엽게 봐주어 나는 부대의 마스코트 같은 입장이었다. 체격이 좋고 씨름을 잘 했던 나를 그들은 좋아했다. 나중에 대대장은 나를 미국에까지 데려가려고 했었다.

훗날 내가 유엔 대사가 되었을 때 아칸소 주를 방문한 적이 있다. 그때 아칸소 주 부대를 따라다닌 내 경력이 알려져 주민들에게 대대적인 환영을 받았다. 주지사가 주최한 오찬에 그 지역 대학총장을 비롯해 200여 명이 참석하여 환영해주었다. 게다가 전쟁 때 함께 근무했던 리처드 포터 상병이 그 지역 방송국에 근무하고 있어 그의 요청으로 나는 텔레비전에 출연해 한국전쟁에 관한 체험담을 들려주기도 했다.

아무튼 미군부대를 따라다니다 보니 나는 영어가 좀 늘었고 외국인들의 사고방식이나 문물에도 익숙해졌다.

이때 닦은 영어 실력으로 나는 대학에 들어가고 난 후 한때 김종환 대구시장(후일국회의원)의 통역비서관으로 일하기도 했다. 한번은 김종환 시장이 대구의 칠성종합운동장에서 삼일절 축사를 하는데 외국인 참석자가 많아 내가 동시통역을 한 적도 있다. 동시통역은 사실 영어가 유창한 사람에게도 쉬운 일이 아니다. 그때 더듬거리는 영어로 말을 옮기느라 정말 진땀을 흘렸다.

대학을 졸업한 후에는 여러 방향으로 진로를 모색하다가 외무부에서 실시하는 주사 시험에 응시했다. 외교관을 꿈꾸었던 것까지는 아니고, 영어와 외국인에 어느 정도 익숙하다 보니 그냥 자연스럽게 외교관이라는 길을 떠올렸다.

주사 시험은 필기만 합격하고 면접에서 떨어졌다. 내가 탈락한 데에는 지금 생각하면 좀 계면쩍은 이유가 있었다. 그때만 해도 나는 자존심이 세고 틀에 박힌 형식을 싫어하는 자유분방한 기질을 갖고 있었다. 그래서 면접 보는 날에도 일부러 정장을 입지 않고 넥타이도 매지 않은 평상복 차림으로 갔다.

그때 면접관 중에 나중에 외무부장관을 지낸 김동조 씨가 차관으로 있었는데, 내가 면접실에 들어가자 눈살을 찌푸리며 나무랐다.

"자네는 면접을 보러 오면서 넥타이도 안 매고 오나?"

결국 떨어졌고, 한참 기다렸다가 두 번째 시험에 다시 응시해 1963년에 외무부 주사가 되었다.

내가 주사로 외무부 근무를 시작할 때는 이승만 대통령이 3·15 부정선거로 물러나고 민주당의 장면 내각이 들어섰을 때였다. 당시 외무부장관은 정일형 박사였는데 민주당이 첫 정권을 잡았다고 외무공무원들에게 코듀로이 정장을 한 벌씩 선물하여 받아 입은 기억이 난다.

주사 생활은 오래 하지 못했다. 막상 공무원이 되고 보니 주사에서 사무관 올라가는 데에만 10여 년 걸릴 것 같아 앞길이 밝아 보이지 않았다. 그래서 몇 달 다니다 그만두고 동아일보 기자직에 응시해 공채 1기로 합격했다.

하지만 기자 일도 오래 하지 않았다. 동아일보 응시와 함께 외무고시도 보았었는데, 기자생활을 한 달쯤 하고 있을 때 13회 외무고시 합격자 발표가 났다. 발표 하루 전날 그때 고시위원을 겸하고 있던 박재섭 선생(고려대 법대 국제법교수)이 집으로 나를 불러 사모님과 함께 내가 67점의 성적으로 수석 합격했다고 알려주셨다. 나는 일주일 정도 갈등하다가 신문사에 사직서를 냈다.

신문사를 그만두었지만 바로 외무부에 들어갈 수는 없었다. 전시 중에 대학을 다니느라 미룬 군복무를 해야 했다. 이미 국가공무원이 되었고 나이도 복무 연령이 지나 입대 대신 대체

1997년 유엔 대사 시절. 유엔총회에서 기조연설을 하는 모습.
경북 경산군 압량면 백안동 빈촌에서 태어났던 내가 이따금씩 고향을 방문 했을 때에는
촌노들이 모여 나를 크게 환영해주었다.

근무를 할 수 있었다.

예천에 있는 국토건설단에서 1년 남짓 일하고 일병 계급으로 병역의무를 마친 것이 1963년이었다. 외무부에 실질적으로 첫 출근을 한 것도 그해였다.

돌아보면 그때까지도 나는 외교관이란 것을 하나의 직업으로만 생각했지 그것 자체에 강렬한 열망은 없었다. 주사 시험 면접장에 대충 평상복을 입고 나간 것도 그래서였을 것이다. 주어진 업무는 누구보다 성실히 임했다고 자부하지만 외교관으로서의 사명감 같은 건 크지 않았다. 지금이야 외교관이 나의 운명이었다고 생각하지만, 당시 성격만으로 본다면 언론계나 불우한 사람을 돕는 변호사가 더 맞지 않았을까 하는 생각도 든다.

내가 한 국가를 대표하는 신분이라는 걸 가슴으로 느끼기 시작한 건 해외근무를 하면서부터였다. 외국에 나가면 누구나 애국자가 된다고 하는데 국제정치의 일선에 서 있는 외교관은 더 그럴 수밖에 없다. 센 나라의 입김에 좌지우지되는 힘의 논리를 현장에서 직접 겪다 보면 약소국의 설움과 함께 '큰 나라'의 국민이고 싶다는 열망이 저절로 솟구치고, 한국이 하루 빨리 중소 강국으로 성장해야 된다는 바람이 사무치게 된다.

그런 예는 수도 없이 많은데 제일 기억에 남는 경험은 내가 1966년에 첫 해외근무 외교관으로 미국에 발을 디뎠을 때의 일이다.

아내와 어린 두 아들을 데리고 LA공항에 도착해 영사관의 차를 타고 시내 외곽의 임차한 집으로 가던 중이었다. 택시는 시원하게 뻗은 도로를 막힘 없이 달렸고, 나는 구획정리가 잘 된 거리의 다양한 상점들과 여기저기 높이 솟아 있는 고층빌딩들을 물끄러미 바라보고 있었다.

그렇게 한참 달리는데 어느 순간 가슴이 뜨거워졌다. 그러고는 눈물이 주르르 흘렀다. 정말 느닷없는 눈물이었다. 나는 서울에서는 보지 못하던 풍경들을 창밖으로 무심히 바라보고 있었을 뿐이다. 그런데 갑자기 알 수 없는 슬픔이 가슴에 차오르는 것이었다. 한번 흐르기 시작한 눈물은 내가 살 허름한 집에 도착할 때까지도 그치지 않았다. 소리 없이 흐느끼고 있는 나를 아내는 걱정스럽게 쳐다보았다.

산간벽촌에 살던 아이가 도시에 처음 올라온 기분이었다. 이런 게 잘사는 거구나. 이런 게 부강하다는 거구나. 눈에 보이는 모든 것이 부러움이라는 한 마디로는 다 표현하지 못할 만큼 나를 주눅 들게 했다. 나와 아내가, 대한민국이라는 나라가 그렇게 왜소해 보일 수가 없었다. 내가 외교관 신분이라는 것마저 괜히 자랑스럽게 느껴지지 않았다.

그날의 눈물은 이성적으로 무얼 느껴서가 아니라 그냥 순간적인 감상이었다. 하지만 그 초라한 기분이 나의 자존심에 깊은 상처를 주었다. 그리고 대한민국 국민으로서 내가 지금 어디에 무엇을 하러 온 것인가를 새삼 일깨워주었다.

내가 단순히 새 직장에 취직한 게 아니라는 것. 대한민국을 대표하는 자격으로 여기에 와 있다는 것. 그러자 추상적인 관념이기만 하던 사명감이라는 것이 처음으로 구체적인 실체로 느껴졌다. 동시에 대한민국이라는 이름이 마치 오랫동안 불러보지 못한 아버지 이름처럼 경건하고도 친밀하게 다가왔다.

# 외무고시 합격과
# 나의 아내

:

　나의 아내는 경북 대구 출신으로 나와 고향이 같다. 처음에 누님의 소개로 만나게 되었는데, 중매 같은 건 아니고 요즘 말하는 소개팅에 가까웠다.

　당시 누님은 시장에서 포목가게를 하고 있었고, 아내는 어머니와 함께 그 가게에 자주 드나드는 손님이었다. 아내가 마음에 들어 유심히 지켜보던 누님은 그녀가 괜찮은 사람이라는 생각이 들자 동생인 나를 소개시켰다.

　내가 처음 본 아내는 품성이 반듯하면서 총명했다. 누님이 왜 좋아했는지 알 것 같았다. 인연이었는지 아내도 첫눈에 나에게 좋은 감정을 느꼈다고 한다. 우리는 금방 연인처럼 데이트를 시작했고, 사귄 지 몇 달 만에 결혼 이야기까지 나누었다.

그런데 아내의 집안에서 반대가 심했다. 나의 조건이 한참 부족해 보일 만큼 아내의 집안이 좋았기 때문이다. 나는 세 살 때 아버지가 돌아가신 편모슬하의 자식인 데다 당시에는 대학만 나왔을 뿐 이렇다 할 직업이 없었다. 반면 아내의 집안은 경제적으로 부유했고 부친은 사회적으로도 성공한 지역유지였다.

장인은 경북 도의원을 지낸 분으로 강직한 성품을 지녔다. 집안에서도 매우 엄격해 아내에게는 어릴 때부터 운동이나 활동적인 바깥일은 못 하게 했고, 대학을 선택할 때도 밖으로 돌아다니는 직업을 갖게 될 과는 지원하지 못하게 했다.

그래서 아내는 자기가 바라는 과를 포기하고 부모의 뜻대로 경북대학 사범대학 가정과에 입학했다. 사회활동에 대해서 다방면에 관심이 많았다는데 엄한 아버지를 이길 수 없었던 것이다.

감히 아버지를 거역하지 못하는 아내였지만 나를 포기하기에는 우리 사랑이 깊어져 있었다. 아내는 집에 적당한 핑계를 대며 나와의 만남을 계속하였다. 그러다가 들켜 다시는 나를 만나지 말라는 호통을 여러 번이나 들었고, 한번은 아버지에게 뺨을 맞은 적도 있다고 했다.

그러던 중 내가 외무고시에 수석 합격한 것이다. 당시 외무고시는 합격자가 1년에 몇 명 나올까말까 할 정도로 매우 어려웠다. '외교관'이라는 이름부터가 이국적으로 들리던 때였고, 저마다 먹고살기 어려웠던 때라 명예와 출세가 어느 정도 보장되어 보이는 직업으로 보였다.

결국 외무고시 합격이 우리 결혼에 결정적인 기여를 했다. 처가에 우리 관계를 공식적으로 인정받았고, 결혼 날짜 받는 일까지 순조롭게 진행되었다.

그렇듯 시작부터가 곡절 많은 결혼생활이었는데 살면서도 고생을 많이 시켰다. 외교관의 아내이니 남이 보기엔 부러운 삶이었을 수도 있다. 하지만 밖에서는 모르는 마음고생이 얼마나 많았는지는 누구보다 내가 잘 안다. 남편이 차라리 평범한 회사원이었으면 하는 생각을 아내는 아마 여러 번 했을지 모른다. 특히 해외 첫 근무지인 LA 총영사관 시절 아내가 겪은 궁핍에 대해서는 내가 할 말이 없다.

당시 내 급여는 월 350달러였다. 지금과 돈 가치야 다르지만 그때도 350달러는 한 달 생활하기에 무척 빠듯한 돈이었다. 그런데 나는 공부를 더 하겠다고 현지의 남가주대학에 떡 하니 입학하고는 월급에서 300달러를 빼 학비로 쓰고 단돈 50달러만 생활비로 갖다 주었다.

도저히 생활할 수 없는 돈인데 아내는 그 돈으로 어떻게든 생활을 꾸렸다. 필요한 생활용품이 있으면 백화점에서 주는 쿠폰을 일일이 모아 아주 가끔 새 물건을 하나씩 사들였다. 외교관 아내로서 어쩔 수 없이 참석하게 되는 파티 때 입고 나갈 옷 한두 벌 외에는 변변한 옷 한 벌 사 입지 못했다.

그 중에서도 아내가 가장 힘들었던 건 내가 주최하는 식사 모임이었을 것이다. 나는 LA 부영사 시절부터 대사직으로 올라갈 때까지 집에서 수백 번의 파티를 열었다. 그때마다 안주인으로서 아내가 겪은 심적 부담과 육체적 고단함은 보통이 아니었을 것이다.

일주일에 서너 번이나 손님을 맞아 밥상을 차린다는 게 어디 만만한 일인가. 게다가 허물없는 지인도 아니고 최대한 격식을 차려야 하는 타국 외교관들이다. 나야 업무의 일환이라지만 시댁제사 지내는 것만큼 부담스러운 밥상차림을 한 달에도 열몇 번씩 차려야 하는 아내는 정말 고역이었을 것이다.

유엔 대사 시절에는 집에 식사 도우미가 3명이나 있었지만 메뉴를 준비하는 일부터 자리가 파할 때까지의 모든 과정을 안주인이 주관해야 하므로 아내는 매번 긴장하며 힘들어했다.

다른 집에 초대되었을 때도 마찬가지다. 가까운 사이인 친구도 아니고 타국의 외교관인 남의 집에서 낯선 음식을 맛있게 먹어야 하는 건 즐겁기만 한 일은 아니다. 서로 마주앉아 있지만 딱히 할 말이 없을 때도 있고, 자기 집에서는 손님 접대를

1968년 LA 부영사 시절 아내가 오찬에 참석하는 손님을 맞이하는 모습.
LA 부영사 시절부터 대사직으로 올라갈 때까지 집에서 수백 번의 파티를 열었다.
타국의 외교관을 모실 때마다 안주인으로서 큰 불평 없이 함께해준 아내에게 그
저 고마울 뿐이다.

하면서 잠깐씩 혼자 있을 수도 있지만 남의 집에서는 가 있을 데도 없다.

규모가 큰 모임이면 더 그렇다. 리셉션이다 뭐다 해서 겉모습은 화려해 보이지만 서양은 주로 스탠딩 파티를 하므로 모임 내내 서 있어야 하고 말상대를 스스로 찾아야 한다. 성격에 맞지 않으면 이게 보통 고역이 아니다. 매번 외출 때마다 옷차림도 여간 신경 쓰이지 않았을 것이다.

아무튼 지금도 아내에게 가장 미안한 것이 평생 수없이 남의 밥상을 차려대게 한 일이다. 아내의 손에 그 흔적이 고스란히 남아 있다. 외교관 아내의 손이 남의집살이를 해온 사람처럼 거칠기 그지없어 아내의 손을 볼 때마다 마음으로 용서를 빌고 있다.

현직에 있을 때는 바깥일이 너무도 많아 마음만 미안하지 어떻게 할 수가 없었다. 은퇴 후에야 그나마 설거지도 거들고 집안일에 신경을 좀 더 쓰고 있지만, 그 정도로는 갚지 못할 많은 고생을 시켰다. 평생 큰 불평 없이 함께해준 아내에게 그저 미안하고 고마울 뿐이다.

자식은 아들 둘에 딸 하나를 두었다. 외교관으로 세계를 돌아다니다 보니 아내에게 소홀했던 이상으로 자식들에게도 해주지 못한 것이 많다. 다른 것보다 자식들의 교육에 거의 신경을 쓰지 못했다. 그러나 아내의 교육열이 아주 높고 아이들도 그만하면 성실하고 배움을 향한 열정이 있어 모두 좋은 학교에서 교육을 받은 후 자기들 적성에 맞는 직업을 갖게 된 것을 다행으로 생각한다.

내 주변에는 자식 때문에 속 썩은 외교관 부모들이 적잖게 있다. 외교관의 자녀는 학교를 수시로 옮기게 되니 공부를 잘할 수 없고 친구 사귀기도 어렵다. 게다가 국내 안에서의 전학이 아니라 이 나라 저 나라 생판 낯선 곳으로 옮겨 다니는 일이라 정서적으로도 늘 불안정하다. 부모의 깊은 관심이 없으면 언제라도 문제아가 될 여지를 안고 사는 것이다.

우리 아이들만 해도 어릴 때는 나에게 불만이 많았다. 내가 집안일에 전혀 신경 쓰지 못하는 걸 보고 자라면서 아이들은 외교관은 절대 안 한다고 맹세를 하기도 했다.

하기야 그 점은 나도 마찬가지였다. 외교관으로 살아온 인생에 후회는 없지만 자식들만은 외교관이 되지 않기 바랐다. 직업 자체는 명예롭고 자부심도 가질 수 있는 일이지만 가족이 겪는 고달픔이 참 크기 때문이다. 그래도 아이들 중 외교관이 하나도 없는 게 은근히 아쉽기는 했는데, 다행히 손자아이 하나가 할아버지 직업에 관심을 가져 앞으로의 포부를 외교관으로 잡고 있어 마음 든든하다.

교육에는 신경을 못 썼지만 아이들이 어느 정도 자란 후부터는 대화를 많이 하려 노력했다. 아이들의 장래에 대한 이야

외교관으로 세계를 돌아다니다 보니 아내에게 소홀했던 이상으로 자식들에게도 해주지
못한 것이 많다. 다른 것보다 자식들의 교육에 거의 신경을 쓰지 못했다. 그러나 아내의
보살핌으로 자식들 모두 자신의 길을 잘 걷고 있는 것이 무척 고맙기만 하다.
좌로부터 사위(백기봉 전 서울지검 부장검사), 딸, 아내, 그리고 며느리와 함께.

기를 비롯해 시사문제나 문화, 역사 이야기까지 깊이 있는 대화를 많이 나누었다.

나는 우리 아이들과 친구 같은 사이가 되고 싶었다. 무엇보다 어떤 권위에도 눌리지 않고 자유분방하게 자라기를 바랐다. 그래서 우리 아이들에게는 부모를 너무 어렵게 대하지 않도록 교육시켰다. 어떤 견해이든 자기 생각을 당당하게 말하라 했고, 부모에게 절하는 것도 명절 등 특별한 행사가 있는 날 아니면 하지 못하게 했다.

어느덧 내 나이 여든 살이 넘었다. 인생의 황혼기에 이른 지금 가장 고마운 일은 아내와 자식들이 나를 사랑하고 좋아한다는 것이다. 가족에게 사랑과 존경을 받는 것처럼 행복한 일이 어디 있겠는가. 나 스스로도 인생을 크게 잘못 살아오진 않았다고 생각하지만, 나 자신의 그런 자부심보다 가족의 존경이 나에게는 가장 귀한 선물이다.

DIPLOMATIC
HISTORY OF
KOREA

# 나라의 녹을
# 먹는다는 것

⋮

나의 첫 해외 근무지인 LA 총영사관에서 일할 때였다. 나는
부영사 직책으로 한국을 방문하려는 외국인들의 비자 발급과
교포들의 여권을 연장하는 일 등을 맡고 있었다.

어느 날 교민 한 분이 영사관을 찾아왔다. 그분은 LA 교민
회장을 맡고 있어 영사관에 자주 출입하고 있었는데, 영사관에
오면 곧장 총영사실부터 들러 한담을 나눈 후에 볼일을 보곤
하였다.

당시 LA 영사관의 총영사는 나중에 국무총리까지 지낸 노
신영 씨였다. 교민회장을 맞이한 노신영 총영사는 그와 차 한

잔을 마신 후에 비자 발급 담당인 나에게 그를 보냈다.

그날의 용무는 중학생인 자기 조카의 여권을 연장하는 일이 었다. 그 조카는 현재 우리나라의 유력 기업인으로 이름만 대 면 알 만한 사람이다. 당시는 해외교포라는 것 자체가 부러움 의 대상이었는데, 그 사람은 교민회장에 재력가이기도 했으니 명실공이 상류층 인사였다.

나는 그 사람이 왠지 마음에 들지 않았다. 딱히 거만 떠는 모습은 아니었는데도 그에게는 특권의식이 몸에 배 있는 듯한, 뭔가 좀 반감을 갖게 하는 게 있었다.

그 사람이 내민 서류를 살펴보는데 눈에 띄는 게 있었다. 조 카의 이름이 마이클이라는 영문 이름으로 되어 있었다. 지금이 야 흔하지만 1960년대는 교포들에게도 영문 이름이 많지 않 았다.

"여보시오, 한국 사람이 이름이 이게 뭡니까?"

나는 한마디 툭 던지고는 서류에 불합격 도장을 찍었다. 영 문 이름이 법적으로 문제되는 건 아니므로 내가 월권을 한 셈 이다. 교민회장의 얼굴이 대번에 시뻘게졌다.

"무슨 업무를 이 따위로 봐. 당신 내가 누군 줄 알고……."

교민회장은 서류를 휙 집어 들고는 총영사실로 올라갔다. 나는 총영사가 곧 부르겠구나 하는 생각에 담배 한 대를 피우 며 기다렸다. 한창 혈기왕성하던 때라 무서울 게 없었다. 그런데 그 교민회장은 얼마 후 총영사실에서 나오더니 그냥 집으로 돌아갔다.

그날 저녁 퇴근 무렵에 노신영 총영사가 자기 집에 가서 술 한잔 하자고 했다. 직원들과 함께 총영사의 집에 더러 갔었지만 혼자서 초대받은 건 그날이 처음이었다.

식사 후에 노신영 총영사와 술을 마셨다. 둘이서 양주 한 병과 인삼주 두 병을 마셨으니 꽤 마신 편이었다. 어느 정도 취기가 오르자 비로소 노신영 총영사가 낮의 일을 꺼냈다.

그는 관학(官學)을 좀 이야기하겠다고 했다.

그렇게 말을 시작한 노신영 총영사는 공무원은 개인 감정으로 업무를 처리해선 안 된다며 내 행동이 옳지 못했다고 넌지시 지적했다. 내가 왜 서류를 처리하지 않았는지 짐작하는 듯했다.

그러나 이야기 말미에는 내가 용기 있다는 취지의 한마디도 덧붙였다. 그저 다독거리는 말이 아니라 나의 의기를 내심 인정해주는 것 같았다. 그 사람이 내일 다시 올 테니까 그때는 잘 처리해주라는 말도 한마디 했다. 그제야 어떤 식으로 일이 돌아갔는지 짐작할 수 있었다.

노신영 총영사는 교민이 씩씩거리며 올라갔을 때 그 자리에서 나를 불러 서류를 처리하도록 지시할 수도 있었다. 하지만 그는 교민을 달래면서도 일 자체는 담당자인 나에게 넘김으로써 교민과 나 두 사람의 입장을 모두 배려했던 것이다.

노신영 총영사가 일을 처리한 방식에는 사실 단순한 배려 이상의 세심한 지혜로움이 담겨 있었다. 담당자인 내가 퇴짜 놓은 서류를 민원인의 항의만으로 총영사가 직접 지시하게 되면 공무의 체계가 훼손되면서 민원인에게도 나쁜 선례를 남기게 된다.

노 총영사가 관학(관료학)이라는 표현까지 하면서 나에게 일러주고 싶었던 것이 바로 그 점이었다. 단순히 민원인을 상대하는 처세를 가르치려 한 게 아니라 공적인 일을 하고 있는 사람이 가져야 할 자세를 그는 말하고 싶었던 것이다. 공직자는 어떤 경우에도 사감으로 일을 처리해선 안 되고, 그 사감이 권력으로 나타나 도장을 찍는 여부에 영향을 미쳐서는  안 된다는 말이었다.

그 일은 그때까지 직업관이 투철하지 않던 나로 하여금 공무원이라는 직업의 의미를 새삼 돌아보게 한 계기가 되었다. 노신영 총영사는 사명감이니 뭐니 하는 교과서적인 훈계는 한마디도 하지 않고 직접 중용의 처신을 보여줌으로써 나에게 신선한 깨달음을 주었던 것이다.

관학의 고전이라 할 수 있는 정약용의 《목민심서》에 다음과 같은 말이 있다.

"무릇 벼슬살이란 국민이 위임한 공권력을 국리민복을 위해

대리 행사하는 자리다. 관직은 영원히 소유할 대상이 아니다. 구한다고 해서 뜻대로 얻어지는 자리도 아니다. 주인인 백성의 뜻에 따라 임시 관리하는 자리에 불과하다. 공직자의 마음가짐이 이와 같아야 그 자신은 물론 나라가 평안하다."

평생을 공직자로 살면서 나는 미흡하나마 이런 자세를 지키려고 노력해왔다.

해외에서 대사로 근무할 때마다 나는 외부에서 걸려오는 전화를 차단하지 말라고 비서실에 지시했다. 그리고 내 방문은 항상 열어놓도록 했다. 대사관을 찾아오는 사람들이 권위적 분위기나 위화감을 느끼게 하지 말라는 것이었다.

직원들에게도 나를 어려워하지 말고 하고 싶은 말은 무슨 말이든 당당하게 하라고 했다. 어떤 조직에서든 상사에 대한 지나친 공경은 건실한 조직문화에 걸림돌이 된다. 그리고 외부인에게는 자칫 권위적인 집단으로 보이게 만든다.

그래서 나는 대사로 있으면서 참사관 등 직원들이 내 차 문을 열어준다거나 담뱃불 붙여주는 것을 절대 못 하게 했다. 다른 나라 사람들의 눈에 비치는 한국 외교관의 이미지로서도 안 좋고, 혹시 가족이 보기라도 한다면 자랑스럽게 생각하던 자기 남편과 아버지가 남의 담뱃불이나 붙여주고 있는 모습에 얼마나 실망할 것인가.

목민심서에 말하기를 "백성들은 흙으로 밭을 삼고 관료들은 백성으로 밭을 삼아서 살과 뼈를 긁어내는 것으로 농사를 삼고 가렴주구하는 것으로 추수를 삼는다"고 했다.

현대의 관료 체계는 옛날처럼 백성을 직접 수탈하고 착취하게 되어 있지 않다. 그러나 공직자가 위민(爲民)이라는 본분을 잊으면 간접적으로는 언제라도 국민의 수탈자가 될 수 있다.

외교관으로 근무하면서 나는 적어도 공직자로서의 처신에 부끄러움은 없었다고 자부한다. 타국 외교관들을 대할 때는 물론 국내 다른 부처의 공직자들이나 해외교민과의 관계에서도 나는 늘 나름대로의 관학을 지키려 노력해왔다. 내 관학의 중심은 노먼 필 박사가 《긍정적 철학의 힘》에서 말한 바와 같은, 나의 자발적 신념으로 나라를 위하여 성심을 다하는 데에 있었다.

# 하루 세끼 식사는
# 중요한 로비 수단

⋮

"언제 식사 한번 하지요."

세상살이에서 이런 말은 가장 흔히 주고받는 말 중 하나다. 의례적으로 말하는 경우도 있겠지만, 진짜 원해서 이런 말을 했을 때는 상대와 가까워지고 싶다는 뜻이다. 격의 없이 편하게 이야기 나누는 시간을 가져보자는 의미다.

물론 그 이면에는 무언가 부탁하고 싶거나 사례를 해야만 할 일이 있을 수 있다. 그렇다 해도 밥 먹자는 말 자체에는 어떤 정치적 의미도 담겨 있지 않다. 그래서 초대도 사양도 자연스럽다.

무엇보다 사람들은 누구나 하루에 세 번 식사를 하므로 자리를 만들기가 비교적 쉽고, 상대의 일정이나 취향에도 큰 영향을 받지 않는다. 하기야 더 자연스러운 만남으로 치면 차 마시는 일이 있겠지만 인간적으로 친숙해지는 데에는 밥 먹는 일만 한 것이 없다.

외교가에서도 식사는 매우 중요한 로비 수단이다. 특히 해외에 주재하는 외교관들은 조찬, 오찬, 만찬 등 하루 세 끼 밥 먹는 일에 스케줄이 걸려 있는 경우가 적지 않다. 특히 유엔처럼 세계 각국의 대표부(대사관)가 있는 곳에서는 더 그렇다.

유엔에서 근무할 때 나는 가장 밥을 잘 사는 외교관 중의 한 사람이었다. 내 기억으로 나보다 식사 자리를 더 자주 만든 사람은 이탈리아 유엔 대사였던 파울로 풀치Paulo Fultgi 정도이다. 그는 본국으로부터 매월 5만 달러의 판공비를 공식적으로 지급받았다. 가옥 임대료까지 포함된 금액이라고 해도 가난한 나라는 상상도 못 할 큰돈이었다.

나는 그 5분의 1도 못 쓰면서 누구 못지않게 많은 식사 로비 자리를 가졌다. 남의 초대에 응하는 것 말고 내가 주최하는 식사 자리만 일주일에 서너 번이었다.

식사 장소는 외부 식당일 때도 있고 우리 집(관저)일 때도 있다. 친근한 사이거나 앞으로 친해지고 싶은 사람은 주로 관저로 초대한다. 내 집에서 내가 준비한 음식으로 대접하는 게 아

Lee Tower Bldg 음식점에서 영사관 간부들과 교포 실업자를 위한 오찬 주최(1968년 6월). 식사는 매우 중요한 로비 수단이다. 특히 해외에 주재하는 외교관들은 조찬, 오찬, 만찬 등 하루 세끼 밥 먹는 일에 스케줄이 걸려 있는 경우가 적지 않다.

무래도 인간적인 성의가 더 느껴지기 때문이다.

초대하는 인원은 한두 명에서 20여 명까지 다양하다. 꼭 나누어야 할 현안이 있을 때도 있고 친분을 쌓기 위해 그냥 마련하는 자리도 있다. 부부동반 모임일 때도 있고 외교관 본인만 나오는 자리도 있다. 유엔 사무총장 등 비중 있는 인사가 참석해 그에게 관심이 집중되는 경우도 있고, 사적인 대화를 나누며 참석자 모두가 편하게 대화를 나누는 자리도 있다.

모임의 유형도 여러 가지다. 우리나라가 속한 아시아 지역 대표들 간의 모임, 유엔 사무국 간부들을 초대하는 자리, 유엔 회원국 대표들 간의 모임, 본국에서 온 각료나 국회의원을 소개하기 위해 마련되는 자리뿐 아니라 일반 교민들을 초대하는 자리도 있다. 이밖에도 다양한 모임이 있는데, 외교관들의 만찬에는 특정 사안과 관계 없이 학계나 언론계의 유명 인사가 참석하는 경우도 흔하다.

어느 경우이든 내가 주최자일 때는 부담스러울 수밖에 없다. 명단을 짜는 일부터 시작해 좌석은 어떻게 배치하고, 음식과 술은 무엇을 준비하고, 식사 분위기는 어떻게 이끌고, 배웅은 어떤 식으로 할 것인가까지 세심하게 준비를 한다. 손님 맞는 일이야 어떤 모임이든 신경 쓰이게 마련이지만 외교관을 초대하는 자리는 한 사람이 아니라 한 국가를 만나는 자리이므로 정말 세세하게 고려하지 않으면 안 된다.

우리 집에서 하는 식사는 보통 한식으로 준비한다. 식사 메뉴는 그때그때 다르다. 신선로 같은 제법 격조 있고 고풍스러워 보이는 전통음식이 주 메뉴가 될 때도 있고, 비빔밥이나 칼국수 같은 조촐한 식단으로 차릴 때도 있다.

어떤 술을 준비할 것인가도 신경 쓰이는 문제 중 하나다. 모든 외교관이 그런 것은 아니지만 "어느 집에 가니 좋은 술이 나오더라"면서 접대받은 술에 예민한 사람이 있다. 가장 보편적으로 통하는 술은 와인이다. 취향에 관계없이 누구나 쉽게 마실 수 있는 술이면서 알콜 도수도 적당하기 때문이다. 와인 수준은 한 병에 보통 50달러에서 100달러 사이로 준비하는데, 조금 격을 높이고 싶으면 200달러까지도 간다.

"그런 자리에서 만취해 술주정하는 사람도 있어요?"라고 물어보는 사람들이 있다. 당연히 없다. 그건 성품의 문제가 아니라 승패의 문제이다. 외교를 흔히 '소리 없는 전쟁'이라 하지 않던가. 전장에 나와서 취하는 사람이 있다면 그는 장수도 뭣도 아니고 뇌가 없는 사람이다. 저 사람 오늘 기분 좋게 취했나 보네 하는 정도는 있어도 남이 뜨악하게 볼 만큼 주책을 부리는 사람은 거의 없다. 그런 일이 있다면 외교가의 '전설적인' 해프닝으로 회자된다. 내가 직접 본 일은 없는데 리셉션 자리에서 그런 경우가 몇 번은 있었다고 한다.

모임 자리에서 담배를 피우는지 궁금해 하는 사람도 있다.

1970년대까지는 공식석상이 아닌 자리에서는 자연스럽게 담배를 피우기도 했다. 그러나 요즘엔 아주 친하지 않는 이상 개인적인 자리에서도 담배는 거의 피우지 않는다. 금연이 세계적인 추세인데 매너와 배려가 기본 덕목인 외교관이 담배를 피운다는 건 있을 수 없는 일이다.

대화 주제는 현안의 유무에 따라 다르다. 엄밀히 말하면 사실 외교관들에게 '현안'이 없는 경우는 없다. 당장 논의해야 할 일인지 나중을 염두에 둔 일인지의 차이가 있을 뿐이다.

분쟁 국가에 파견되는 평화유지군을 어느 나라가 주도하고 인원 조율은 어떻게 할 것인가는 당장의 현안이고, 빈곤퇴치와 지속적 개발 문제를 어떻게 해결할 것인가는 외교관 개인의 철학을 교환하는 일이면서 세계평화와 번영이라는 주제 속에 늘 나누게 되는 상시적 사안에 속한다. 물론 개인적인 이야기들도 나눈다. 서로의 근황을 주고받으며 덕담과 조언을 건네고, 어느 한 사람이 자기가 겪은 흥미로운 일화를 공개해 좌중에 폭소가 터지기도 한다.

밥 먹는 자리라 분위기는 대체로 부드럽지만 이런 자리가 늘 편안한 것만은 아니다. 동석자들이 누구이든 외교의 일환으로 만나는 자리인 만큼 시종 품위를 유지해야 하기 때문이다. 몸이 불편하거나 기분이 우울한 날에도 밝은 모습만 보여야 한다는 건 생각만큼 쉬운 일이 아니다.

그럼에도 나는 외교관 생활 초기부터 은퇴할 때까지 늘 식사 로비에 많은 공을 들였다. 자연스러운 인맥 쌓기에 이만한 자리가 없고, 그렇게 쌓은 인맥은 나중에 어떤 식으로든 외교적 결실로 돌아왔기 때문이다. 내가 유엔대사로 제직 했을 때 부트로스 부트로스 갈리 유엔사무총장과 그 후임인 코피 아난 사무총장은 우리 관저에 자주 초대되었다. 그리고 헨리 케신저 박사의 집이 우리 관저와 가까운 위치에 있었고 또 그는 유엔 문제에도 많은 관심을 갖고 있어서 이따금씩 그를 관저 오찬에 초청하여 유엔대사들과 의견 교환할 자리를 만들기도 하였다. 그래서 나는 공직에서 퇴임한 후에도 뉴욕을 방문할 때는 파크 애비뉴에 있는 그의 사무실을 찾아가곤 했다.

# 유머,
## 외교의 창과 방패

:

 

외교석상에서도 종종 격렬한 언쟁이 벌어진다. 흥분하지 않고 말하는 것이 외교관의 기본 덕목이지만 이해관계가 팽팽히 맞선 사안이 나오면 한 치 양보도 없는 설전이 오가게 마련이다. 심하면 얼굴을 붉히며 말이 다소 거칠어지는 경우도 있다.

이럴 때 어떻게 대처하는가는 전적으로 외교관 개인의 능력이다. 상대와 똑같은 태도로 반응할 수도 있고, 아예 무시하면서 자기 할 말만 조곤조곤 꺼낼 수도 있다. 어느 쪽을 선택하든 중요한 건 자기 말에 논리와 근거를 명확히 갖추는 일이다. 언쟁하는 상대만이 아니라 동석해 있는 다른 나라 외교관들의 호응을 얻어야 하기 때문이다.

그런데 논리적으로 반박하는 게 불가능할 때도 있다. 상대가 격한 상태일 때는 이쪽에서 무슨 말을 하든 단어 하나마다 걸고넘어지며 말을 자르고 들어온다. 혹은 참석자가 많은 다자 회의에서 사회자로부터 발언 시간을 제한받을 때도 있고, 회의에 참석한 사람들이 지쳐 있어 어떤 말이든 주목을 끌기 힘든 경우도 있다.

그럴 때 현명한 외교관은 우화나 고전의 명구를 인용하는 것으로 자기 할 말을 대신한다. 이런 건 사실 외교가의 오래된 전통이다. 언쟁할 때만이 아니라 덕담을 주고받는 자리나 국가 수반들 간의 정상회담에서도 고사를 인용하는 것으로 대화 자리를 부드럽게 만들곤 한다.

최근 중국을 방문한 박근혜 대통령도 시진핑 주석과 만난 자리에서 북한의 핵문제를 거론하며 "누군가를 대할 때 말만 믿었지만 이제는 행실까지 살핀다"는 공자 말씀을 인용해서 북한의 진정성이 전달되기 위해서는 책임 있는 행동이 우선되어야 한다는 점을 강조했다.

1990년 8월에 이라크가 쿠웨이트를 무력으로 침공하여 단 이틀 만에 점령하는 사태가 벌어졌다. 2차 세계대전 이후 그런 식으로 타국을 느닷없이 침공한 적은 한 번도 없어 세계의 이목이 집중되었고, 유엔 안보리에서는 이라크에 경제 제재와 함께 무조건적인 즉각 철수를 요청하는 결의를 만장일치로 채택했다. 이에 미국은 안보리의 결의를 근거로 이라크에게 1991년 1월 15일까지 시한을 정해주면서 그때까지 철수하지 않으면 이라크를 공격하겠다고 선포했다.

이라크의 후세인 대통령은 원래 쿠웨이트는 자기 나라 영토라고 당당하게 맞섰지만 국제사회의 확고한 의지를 전제로 한 미국의 위협을 무시할 수는 없었다. 겉으로는 절대 물러서지 않겠다고 공언하면서도 미국과 여러 차례 막후 협상을 벌였다.

그러던 중 1991년 1월 9일 제네바의 인터콘티넨탈 호텔에서 이라크 침공의 평화적 해결을 위한 마지막 회담이 열렸다. 대(對) 이라크 통첩시한이 일주일 정도 남은 시점에서 미국의 제임스 베이커 국무장관과 이라크의 타릭 아지즈 외무장관이 만난 것이다.

이 회담에 앞서 미국의 부시 대통령은 이라크가 쿠웨이트에서 무조건 철수해야 한다는 강경입장을 재확인했고, 사담 후세인 이라크 대통령은 절대 물러나지 않을 것이라며 '일전불사'를 천명했다. 이렇듯 한 치의 양보도 없는 상황에서 열린 회담이기에 회담장은 긴장감이 감돌 수밖에 없었다.

베이커 국무 장관이 부시의 친서까지 전달하며 이라크에 대한 공격 결의를 강조하고 있을 때 타릭 아지즈 장관이 무척 긴장된 표정으로 진땀을 흘리며 말했다.

"May I smoke?"

그러자 베이커가 말했다.

"You may smoke as long as you don't smoke Cuban cigar."

지금도 마찬가지지만 당시 미국과 쿠바는 사이가 아주 안 좋았다. 군복 차림으로 삐딱하게 시가를 물고 있는 피델 카스트로의 모습이 미국인들에게는 악의 상징으로 보일 때였다. 그런데다 씨가cigar 하면 지금도 마찬가지지만 단연 쿠바산이 세계 제일로 알려져 있다.

베이커는 그런 여러 가지 의미를 깔면서 재치 있는 유머를 구사한 것이다. "당신이 쿠바산 시가만 피우지 않는다면 담배를 피워도 좋습니다" 하고.

시종 무거웠던 회담장 분위기가 베이커의 이 말 한마디로 긴장감이 확 풀어졌다.

반기문 유엔 사무총장은 우리나라 외교관 중 유머감각이 좋은 사람으로 꼽히는데, 어느 자리에서인가 이런 유머를 구사하는 것을 보았다. "유엔은 사실 오래 전부터 외계인과 접촉해 왔는데, 조만간 외계로 특사를 보내기 위해 적당한 인사를 물색 중이다. 먼저 가수 브리트니 스피어스에게 전화를 했더니 'Opps, I'm not that innocent'라고 하더라."

좌중에 폭소가 터진 것은 당연하다.

그런데 여기에서도 보듯 고급 유머를 구사하려면 각국의 정치경제 상황에 대한 식견과 인문학적 교양, 거기에 당대의 각종 문화적 유행을 어느 정도는 알고 있어야 한다. 브리트니 스피어스의 히트곡 가사 "이런, 난 그렇게 순진하지 않아요"를 몰랐다면 위의 유머는 나올 수 없었을 것이다.

파키스탄의 카말 대사는 내가 1990년대 중후반에 제네바와 뉴욕에서 근무할 때 교류하면서 절친한 사이가 되었는데, 그는 유엔 안에서도 조크가 많은 사람으로 유명했다.

한번은 인도 대사, 파키스탄 대사와 동석한 어느 만찬 자리에서 카말 대사가 두 나라와 관련된 유머를 들려주었다. 영국의 식민지로 있다가 2차 세계대전 후 종교문제 때문에 분리독립한 두 나라의 정치경제 상황 차이가 절묘하게 들어가 있는 유머였다. 당시 파키스탄은 아유브 칸 대통령이 독재를 하고 있을 때였다.

"파키스탄 개와 인도 개가 서로 상대 나라로 걸어가다가 국경에서 마주쳤다. 파키스탄 개가 인도 개에게 묻는다. 난 너희 나라로 가는데 넌 왜 우리나라로 오냐? 인도 개가 대답한다. 파키스탄은 인도보다 부자라 개가 배부르게 먹을 수 있다고 해서 간다. 근데 너는 왜 우리나라로 오냐? 파키스탄 개가 대답한다. 말 말아라, 개는 짖는 게 본능인데 파키스탄은 먹기는 잘 먹는데 짖지를 못하게 한다."

# 반기문
# 유엔 사무총장과의 인연

⋮

2007년에 우리나라에서 유엔 사무총장이 나왔다. 당시 우리 국민들 모두 들뜨고 열광했지만 정작 이 일이 우리나라 외교사에 얼마나 큰 의미가 있는지는 잘 모르는 사람도 있는 것 같다.

유엔 사무총장은 '속세의 교황'으로까지 불리며 세계 어느 나라에서든 국가수반과 같은 국빈 대접을 받는다. 유엔의 방대한 관료조직을 지휘하고 국제평화의 유지와 분쟁을 중재하는 중재인이기에 도덕적 권위가 교황에 비유되는 것이다.

미국, 러시아, 영국, 중국, 프랑스 등 5개 안보리 상임이사국은 유엔 창설 때부터 고정돼 있는데 사무총장직만은 대륙이 돌아가면서 맡게 돼 있는 것도 따지고 보면 그 때문이라 할 수 있다. 세계의 정상외교관이자 지구촌의 리더라는 의미가 있어 강대국도 함부로 독점하지 못한다. 그건 세계의 모든 나라를 동등한 주권국가로 규정한 유엔헌장의 정신에 위배되기 때문이다.

이처럼 대륙별 안배가 불문율이다 보니 같은 지역에서 유엔 사무총장이 나오려면 최소 50년은 걸린다. 게다가 아시아만 해도 54개 국가가 있으니 한국에서 다시 유엔 사무총장이 나오려면 못해도 100년은 지나야 한다. 실제로는 그것도 거의 불가능하다. 한국은 이미 선진국 대열에 서 있기 때문이다.

이처럼 유엔 사무총장이라는 자리는 아무리 능력이 뛰어나도 쉽게 차지할 수 있는 자리가 아니다. 그런 유엔 사무총장직을 지금 우리나라의 반기문 씨가 2기까지 수행하며 잘 해내고 있다. 능력만으로 될 수 있는 자리가 아니라고 했지만 반기문 개인의 출중함이 없었다면 결코 이 자리에 오를 수는 없었을 것이다. 그 점에서 반 총장은 한국 외교사의 명예이며, 개인적으로도 그런 후배를 두었다는 것은 말할 수 없이 큰 자랑이요 기쁨이다.

반기문 총장은 나보다 열한 살 아래로 외교부에 근무할 당시 나이나 직급에서는 후배였지만 지난 30여 년 누구보다 각별한 사이로 지냈다.

내가 유엔에서 공사직을 맡고 있을 때 반기문 총장은 1등서기관으로 나와 함께 근무했다. 그 후 내가 본국에서 외무차관보를 지낼 때는 나의 '전공'이라 할 수 있는 유엔 담당부서의 과장으로 일했고, 내가 캐나다 대사로 나가 있을 때는 주미 한국대사관의 총영사로 근무하면서 또 긴밀하게 지냈다.

업무보다는 개인적으로 더 자주 만났던 것 같다. 내가 주유엔 공사로 있을 때 그는 하버드의 케네디스쿨에 공부하러 와 있었는데, 내가 가까운 곳에서 강연이라도 하면 참석해서 함께 식사를 하며 회포를 풀었다. 가족끼리도 가까워 그가 하버드대학교 케네디스쿨에서 수학하고 있었을 때에는 당시 하버드에서 혼자 공부하던 내 아들이 휴일이나 방학에 그의 집에 놀러가고는 했다.

누구든 고위직에 오르면 질시에서 나오는 비방이나 이런저런 악평도 돌기 마련인데, 반기문은 내가 알기로 적이 거의 없는 사람이다. 그의 부인 윤순택 여사도 인품과 능력 면에서 외교부 직원들의 존경을 받고 있다.

"반(潘)의 반(半)만 하라."

반기문이 어떤 사람인지는 외교부 안에서 한때 유행어처럼 회자되었던 이 말 하나로 충분하지 않을까 싶다.

반기문만큼 위아래와 동료 모두에게 인정을 받은 사람은 드

반기문 총장은 나보다 열한 살 아래로 외교부에 근무할 때부터 30년이 지난 지금까지 업무적으로나 개인적으로 아주 각별한 사이로 지내고 있다.

물다. 어떤 일에도 최선을 다하는 타고난 성실성은 초임 시절에 이미 주목을 받았고, 어느 자리에서든 남부터 배려하는 겸손함 또한 유엔 사무총장으로 일하고 있는 지금까지 변함이 없다.

그런 쪽으로 유명한 일화가 하나 있다. 1985년도에 노신영 씨가 국무총리가 되자 반기문을 의전비서관에 임명하고 싶어 했다. 노 총리는 인도 대사로 나가 있을 때 그 밑에서 1등서기관으로 함께 근무했던 그의 성실성과 능력을 알고 있었다. 당시 주변 사람들에게 "인도 공관에는 반기문 서기관이 있으면 달라진다"고 말할 정도였으니 첫 인연 때부터 각별히 신임했던 것이다.

그런데 의전비서관 직책은 2급 이사관이어서 반기문의 당시 직급으로는 두 단계 이상의 승진이 되는 파격적인 인사였다. 그게 부담스러웠던 반기문은 여러 번 고사하였으나 노 총리의 권유 또한 강력하여 할 수 없이 수락하게 되었다.

이때 반기문은 100여 명에 달하는 외교부의 모든 선배, 동기들에게 편지를 써서 보냈다. 훌륭한 선배와 동기들이 많은데 자기가 파격적인 승진을 하게 되어 죄송하다는 내용이었다. 손글씨로 일일이 편지를 쓰느라 일주일이나 걸렸다고 하니 그의 마음씀씀이가 얼마나 섬세한지 짐작할 수 있을 것이다.

그렇게 위아래 모두에게 인정받던 사람이라 관운도 비교적

순탄했는데, 딱 한 번 어려운 시절을 겪었다.

2001년 그가 외교부통상부차관으로 있을 때의 일이다. 당시 김대중 정부는 러시아와 외교 관계를 진전시키기 위하여 푸틴 총리와 정상회담을 하고 있었다. 그런데 회담이 끝난 후 발표된 합의문에 탄도탄요격미사일제한조약ABM을 유지한다는 문장이 포함되어 있었다. 이 조약은 당시 미사일방어망을 구축하고 있던 미국의 부시 행정부가 강력하게 폐기를 주장했던 것이어서 한국과 미국 사이에 외교적으로 큰 파문이 일었다.

실무진의 실수로 일어난 일이었으나 누군가는 책임을 져야 할 상황이었기에 반기문 차관이 희생양이 되어 물러났다. 그의 인생에서 최초의 낙마이자 뼈아픈 시련이었다.

나는 그때 반기문 총장 부부를 초대해 식사하면서 위로의 말을 건넸다. 늘 의연하던 사람이 그때는 정말 크게 낙심했는지 사기가 상당히 저하되어 있었다. 차관까지 올랐다가 면직되었으니 다시는 공직에 돌아가지 못할 것이라고 생각하는 듯했다.

하지만 인생은 새옹지마라 했다. 새로 외교통상부장관이 된 한승수 씨가 유엔총회 의장을 맡게 되자 그를 의장비서실장으로 임명한 것이다. 차관을 했던 사람에게는 격이 맞는 자리가 아니었으나 다시 공직자가 됐다는 것만으로도 행운이라 할 수 있어 반 총장은 그 자리를 흔쾌히 받았다.

이 일은 특히 나중에 반기문이 유엔 사무총장이 되는 것에 큰 영향을 미쳤다. 한승수 장관이 국내 일에 바빠 유엔총회의 업무는 그가 도맡다시피 했고, 덕분에 세계 각국의 주요 인사들과 넓은 인맥을 쌓게 되었다. 반기문 스스로 이 시기의 경력과 인맥이 유엔 사무총장 당선에 밑거름이 되었다고 어느 자리에선가 회고한 적이 있다.

2005년 가을에 당시 외교통상부장관으로 있던 반기문이 유엔 사무총장에 출마하려 한다면서 나에게도 의견을 물었다. 늘 조용조용 말하던 사람이 그때는 눈빛에 힘이 들어가 있고 목소리에도 강한 자기 확신이 묻어 있었다.

나는 처음부터 그의 출마 의사에 적극 찬성하였다. 하지만 반기문의 출마 의사를 접한 사람들의 반응이 모두 호의적이었던 것은 아니다. 장관직이나 성실히 수행하지 가능성이 많지도 않은데 쓸데없는 일을 벌인다고 대놓고 비난하는 사람들이 없지 않았다. 우리나라의 국제적 위상으로 보아 반 장관이 유엔 사무총장에 도전하기에는 시기상조라고 보는 사람들이 하는 말이었다.

나는 국내의 이런 시선부터 바꾸는 것이 중요하다고 생각했다. 그래서 전 국무총리인 강영훈 씨과 반 장관을 좋아하던 전 적십자사총재 서영훈 씨 두 분을 모시고 반기문의 출마를 후원하는 모임을 만들었다. 이 후원회에는 학계와 문화예술계까지 포함해 각 분야에서 명망 있는 분들 20여 명이 참여해주었다. 강영훈 씨와 서영훈 씨, 그리고 젊은 층을 대표하는 나 이렇게 세 사람이 트로이카로 후원회장을 맡았다.

우여곡절을 거쳐 마침내 반기문 총장이 취임하는 날, 나는 이미 외교부에서 은퇴한 사람인데도 한승수 전 유엔총회 의장 등과 함께 개인 자격으로 취임식에 초대되었다.

전임자인 코피 아난의 퇴임식이 끝난 후 바로 이어진 위임식에서 반 사무총장은 유엔헌장에 손을 얹고 선서를 낭독했다.

"나 반기문은 충성을 다해 분별력과 양심을 갖고 유엔 사무총장으로 나에게 부여된 임무를 다할 것을 엄숙히 선서한다."

수많은 축하 물결 속에서 단상에 오르는 반기문 총장을 바라볼 때의 감회를 어찌 말로 표현할 수 있으랴. 우리나라가 아직 유엔 가입조차 못 하고 있던 1960년대, 외교관 신분으로 처음 해외에 나갔을 때 받았던 설움이 되살아나 가슴이 먹먹했다. 특히 북한의 유엔 동시 가입 반대로 1991년 가을까지 유엔에서 옵서버 국가로 있던 시절의 일들이 주마등처럼 스쳐갔다.

반기문이 유엔 사무총장 된 후에는 내가 그의 도움을 많이 받는 편이다. 내가 회장으로 있는 유엔협회세계연맹WFUNA의 총회가 열리면 그는 바쁜 일정에도 불구하고 참석하여 자리를 빛내줄 때도 있었다. 유엔 사무총장이 참석한다는 것만으로 국제사회의 이목이 더 집중되고 각국의 파워 있는 외교관들을 초청하는 데에도 힘이 실리는 것이다.

　내가 듣기로 근래 정가 일부에서는 반기문 총장에게 차기 대통령 출마를 권유하고 있다 한다. 또 공식, 비공식 조사에 의하면 우리나라의 많은 국민들도 반 총장의 차기 대통령 출마에 긍정적이라고 알고 있다. 하지만 그건 어려울 것 같다. 대통령이 되려면 권력의지가 있어야 하는데 반 총장은 그런 것과 거리가 먼 사람이다. 그는 정치와 외교를 준별하는 사람이다. 자기 입으로 직접 나에게 대통령직에는 전혀 관심이 없다고 잘라 말한 적이 있다.

　개인적으로 나도 그의 생각에 공감한다. 유엔 사무총장이 벌써부터 자국의 대통령감 후보로 거론되면 국제관계에 중용을 지켜야 할 사무총장의 위치에 흠이 될 수 있다. 무엇보다 국내 정치의 생리가 그의 성격과 어울리지 않는다. 지금껏 그가 걸어온 인생으로 보더라도 국내 정치계에서 소모되기보다는 세계평화와 번영이라는 더 높은 가치에 헌신했으면 하는 게 내 바람이다.

DIPLOMATIC HISTORY OF KOREA

# 외교가의 거목,
# 박동진

:

나이가 이쯤 되고 보니 한 해에 몇 번씩 가까운 이들의 부고를 받는다. 그때마다 내 인생도 덩달아 돌아보면서 고인과 함께했던 시절을 아련히 회상하게 된다. 가까웠던 사이일수록 보내는 마음이 참 허전하다.

그 중에서도 어떤 분은 내 삶의 한 조각이 떨어져나간 듯 가슴에 큰 구멍을 남겼는데, 2013년 11월에 별세하신 박동진 전 외무부장관이 내게는 그런 분이었다.

내가 박동진 전 장관과 처음 인연을 맺은 건 그가 유엔 대사로 있던 1974년이었다. 그해에 베네수엘라의 카라카스에서 유엔해양법회의가 열렸는데 그때 우리나라 대표단의 수석대표가 박동진 전 장관이었고 나는 심의관으로 노창희 조약과장과 함께 본부에서 파견되어 그 회의에 참석하였다.

회의 중에 우리 대표단의 부단장이었던 주캐나다 김영주 대사와 나 사이에 몇 차례 질의문답이 있었다. 김대사가 예리한 질문을 할 때 내가 주무과장을 했기 때문에 즉석에서 우리나라의 입장과 논리를 꼬박꼬박 답변했다. 그때 김 대사는 본국의 훈령을 받아서 말해야지 내가 함부로 나서면 안 된다고 제동을 걸었고, 당시 해양법에 정통해 있던 노창희 조약과장과 나는 굳이 훈령을 받지 않아도 된다고 고집했다.

"이 문제는 내가 전문가라 본국에 훈령을 요청하면 오히려 나에게 문의해올 것입니다."

내가 이런 말까지 하며 맞섰지만 상대 역시 끈질기게 훈령을 거론하며 내 말을 제지했다. 김영주 대사(당시 주캐나다 대사)는 부하들로부터 존경을 받는 분으로, 상급자인 데다가 여러 사람이 있는 자리였으니 내가 숙이는 게 예의였겠으나 당시에는 내가 조약과장을 역임한 후였기 때문에 해양법 전문가로서 상당한 지식을 갖고 있었기에 김 대사와의 의견차이를 당당히 이야기할 수 있었다.

그날 회의를 끝내고 나올 때였다. 박동진 장관이 나에게 슬쩍 다가오더니 "박 참사관 오늘 수고 많았어요. 저 사람은 원

1977년 신라호텔 리셉션장에서 주유엔 대사 박동진, 노재원 차관, 그리고 저자.
내가 박동진 전 장관과 처음 인연을 맺은 건 그가 유엔 대사로 있던 1974년 베네수엘라
카라카스에서 개최된 유엔해양법 회의에서였다. 성격이나 지향하는 가치관이 비슷해 말
이 잘 통하기도 했지만, 지위를 떠나 늘 격의 없이 대해주며 내게 전폭적인 신뢰를 보여
주던 그는 나뿐만이 아니라 누구나 존경할 수밖에 없는 외교가의 훌륭한 거목이었다.

래 좀 디테일 마인드한 분이니 신경 쓰지 마" 하고 말하는 것
이었다.

뜻밖의 격려에 나는 속으로 놀랐다. 가까운 사이라도 되듯
표정과 목소리에 친밀한 감정이 묻어 있어 더욱 그랬다. 그러
자 뒤늦게 계면쩍은 기분이 들었다. 나무라는 말이 아닌데도
내가 좀 건방졌던 건 아닌가 돌아보게 할 만큼 그분의 태도에
는 형님 같은 자상함과 함께 준엄한 기운도 있었다.

그 이듬해인 1975년도에 박 전 장관은 제17대 외무부장관
으로 취임했다. 나를 좋게 보았는지 박 전 장관은 당시 호주에
서 참사관으로 근무하던 나를 유엔의 참사관으로 보냈다. 그리
고 1여 년 후에는 본국으로 불러들여 조약국장으로 승진시켰
다. 동기는 물론 선배까지 제친 고속 승진이었고 내 나이 43세
였던 때다. 이 일로 해서 주변에서는 나와 박동진 장관을 (마침
성씨도 같고 하니) 인척관계로 보는 사람들도 있었다.

본국에서 몇 년 동안 함께 근무하면서 박 전 장관과 나는 급
속도로 가까워졌다. 성격이나 지향하는 가치관이 비슷해 말이
잘 통하기도 했지만, 지위를 떠나 늘 격의 없이 대해주며 전폭
적인 신뢰를 보여주니 나로서는 송구한 마음이 들 정도였다.
그렇게 인연이 쌓이면서 서로 집을 오가며 식사도 하고 사적
인 대화도 많이 나누게 되었고, 나중에는 사생활에서까지 서로
모르는 게 없는 사이로 발전하였다.

박 전 장관은 내가 유엔 대표부나 주재국 대사 등 해외에 근무할 때에도 개인적으로 종종 찾아오곤 했다. 미리 연락하지 않고 불쑥 올 때도 많았고, 내가 먼 곳에 가 있어 만나지 못할 때면 "못 만나고 가서 아쉽다"며 친필로 편지를 남기고 갔다.

박 전 장관이 공식적으로 은퇴를 한 1990년대 초에는 '태봉회'라는 모임이 만들어졌다. 나를 포함해 최호중, 이정빈, 이상진, 신두병 등 평소 그를 존경하며 따르던 사람들 10여 명이 매주 한 번씩 만나 골프를 치며 친목을 도모하는 모임이었다. 이 자리는 늘 유쾌하고 화기애애했다. 갈수록 정도 깊어져 박 전 장관이 병환에 들기 전인 2012년까지 20년이 넘는 세월을 이어왔으니 이 모임 하나만으로도 참으로 끈끈한 유대관계를 지속한 셈이다.

이런 개인적인 추억을 떠나서도 박 전 장관은 누구나 존경할 수밖에 없는 외교가의 훌륭한 선배이다.

박 전 장관은 이십대에 이미 공직자로서 출중한 능력을 보이며 이승만 대통령 비서실에 근무하였고, 1954년도에 주미대사관에 부임하면서 외교관 생활을 시작하였다. 이후 주월남 대사, 주유엔 대사를 거쳐 1975년에서 1980년까지 외무부장관으로 재직했고, 장관 퇴임 후에는 민정당 전국구로 11,12대 국회의원을 지냈으며, 이후에도 그 능력과 경륜을 활용하고 싶어 하는 대통령들에 의해 국토통일원장관(전두환 정부)과 주미 대사(노태우 정부)를 역임했다.

내가 새삼 언급할 필요도 없이 박 전 장관의 별세 즈음에 나온 신문기사의 제목들만 보아도 그의 탁월한 업적을 알 수 있다. '대미외교의 주역', '1970년대 한국 외교의 기반을 닦다', '최장수 외교 수장', '박정희 대통령도 특별히 신뢰한 외교계의 거목'.

이런 외교적 성과보다 나에게 더 인상 깊게 남아 있는 이분의 업적 하나는 외무부장관에 취임한 후에 실시한 인사개혁이다.

그 전까지 외무부에는 외무고시로 입부한 '고시파'와 '비고시파' 사이에 보이지 않는 벽이 있었다. 고시파가 좋은 자리와 승진을 거의 독점하고 있기 때문이었다. 한 조직 안의 이런 차별은 불공정한 대우를 받는 개개인의 자존감과 사기는 물론 조직 전체의 건강한 발전에 치명적인 약점이 된다.

박 전 장관은 취임하자마자 이 문제를 공론화시키며 적극적으로 탕평책을 썼다. 능력만 있으면 누구라도 좋은 자리에 앉히면서 고시파와 비고시파의 경계를 없애버렸다. 박 전 장관이 5년이라는 최장수 외무부장관을 지낸 덕에 이런 인사 정책은 일시적인 혁신에 그치지 않고 그가 퇴임한 후에도 제도적으로 굳어질 수 있었다.

나는 이런 탕평 인사가 비고시파들의 사기 진작이나 조직

활성화를 넘어 우리나라의 외교 인력 양성에 매우 중요한 전환점이 되었다고 확신한다. 수치로 계량화할 순 없지만 이 탕평 인사를 통해 우리나라의 외교력도 한층 높아졌을 것이다.

비교적 건강을 잘 유지하던 박 전 장관이 90세 즈음부터는 어쩔 수 없는 육체의 쇠락과 함께 약간의 치매 증세도 보여 주변 사람들을 안타깝게 했다. 그가 별세하기 몇 달 전에 그를 존경하여 자주 방문하던 이정빈 장관으로부터 이런 이야기를 들었다.

박 전 장관이 가끔 "기사 올 시간 다 됐다"면서 느닷없이 양복을 차려입고 넥타이까지 단정히 매고는 현관 앞에서 운전기사를 기다린다는 이야기였다.

그 말을 듣는 순간 목이 메었다. 가슴 아픈 얘기였지만, 그것이야말로 하늘이 준 인간의 운명인 것이었다.

박 전 장관은 후배들에게 늘 "공직자는 공적 봉사의식이 투철해야 한다. 결코 사익을 추구해서는 안 된다"고 강조했고, "외교관은 총 없는 전사(戰士)지만 한 사람이 수십만 대군이 동원되는 전쟁도 막을 수 있다"는 말로 외교관의 사명감을 고취시키고자 애썼다. 공직자로서의 꼿꼿한 자부심과 청렴한 기백을 알기에 많은 후배들이 진심에서 우러나 그분을 존경했다.

천수를 누리고 가셨기에 애통함은 없지만 보내는 마음은 한없이 쓸쓸했다.

# 유엔협회세계연맹
# 이야기

⋮

    최근에 한국을 방문한 유엔협회세계연맹의 사무총장 보니안 골모하마디가 언론과 인터뷰한 기사를 보던 나는 그의 말에 슬며시 웃음이 나왔다. 유엔협회세계연맹이 정확히 어떤 단체인지 소개해 달라는 말에 그는 이렇게 말문을 열었다.

    "이름이 참 긴 유엔협회세계연맹은……."

    그의 말처럼 유엔협회세계연맹은 이름이 길다. 한국어로도 약간은 길지만 영어로 쓰면 'World Federation of United Nations Associations'로 정말 한참 적어야 한다.

    말 나온 김에 그 인터뷰에서 보니안 사무총장이 한 말로 유엔협회세계연맹이 하는 일을 소개해본다.

"……전 세계 약 110개국의 유엔협회들로 구성되어 있습니다. 우리의 기본 철학은 유엔 회원 국가뿐만 아니라 개인과 단체들도 국제 이슈에 동참을 해야 한다는 것입니다. 그래서 각 국가의 유엔협회는 개인들을 동참시키고 나이와 상관없이 많은 사람들을 단체에 참가하게 하여 유엔이 국제적인 문제들을 더 효율적이고 강력하게 해결할 수 있도록 도와줍니다."

유엔협회세계연맹은 유엔 창설 이듬해인 1946년 8월 유엔의 목적과 이상 실현을 지원하기 위해 범세계적 차원의 시민운동으로 발족한 비정부국제기구로서, 현재 한국을 비롯 110여 개 세계 주요 국가들의 유엔협회들로 구성되어 있다.

유엔협회는 각 나라, 지역별로 모의 유엔총회와 세미나, 캠페인 등을 열어 유엔의 이상을 전파하는 활동을 하고, 각국 정부와 유엔에 정책을 제안하기도 한다. 가령 지뢰제거 운동은 유엔협회를 비롯한 민간 차원에서 먼저 제기돼 국제적인 운동으로 확산된 것이다.

한국의 유엔협회는 제7차(1952년) 유엔협회세계연맹 총회에서 준회원국이 되었으며, 제20차 총회(1968년)에서 정회원국으로 승격되었다. 유엔한국협회는 현재 외교부 등록단체이며, 회원, 정부 보조금 및 출연금, 그리고 경제 단체 등의 지원금 및 기부금으로 재원을 충당하고 있다.

나는 2009년에 서울에서 개최된 제39차 유엔협회세계연맹 총회에서 회장으로 선출되었다. 나는 처음엔 회장직에 출마할 생각이 전혀 없었다. 그러나 유엔 사무총장이 된 반기문 씨가 총회장에 참석하여 "이분은 나의 영원한 보스"라며 나와의 특별한 인연을 상세히 설명한 것이 나의 당선에 상당한 영향을 미쳤다. 회의 대표들이 만장일치로 나를 회장으로 추대한 배경이 된 것이다. 유엔 사무총장도 한국인인데 유엔협회세계연맹의 수장까지 한국인에게 주면 안 된다는 반대 의견도 있었지만, 오히려 연맹의 활동에서 반 총장과의 유기적인 협조 체제가 원활해질 것이란 의견이 절대 다수였던 것이다.

그 이전에는 대개 여러 명이 출마해서 선거운동도 했는데, 이때에는 나 혼자 출마하여 추대에 가까운 만장일치로 회장에 당선되었다. 또 전에는 보통 대단한 재력가이거나 세계적으로 지명도가 아주 높은 사람 아니면 잘 나서지 않았다는 점에서 내가 회장에 선출된 것은 그간의 관례로 보면 다소 이례적인 일이었다. 나의 직전 전임자는 국제원자력기구IAEA 전사무총장 한스 브릭스였다.

나는 회장에 당선된 후 "유엔의 이상은 회원국 정부만의 힘으로는 성취할 수 없습니다. 앞으로 풀뿌리 세계시민의 역량을 모아 인권과 평화, 개발 분야에서 유엔의 이상을 실현하는 데 미력이나마 보태겠습니다"라고 소회를 밝혔다.

2010년 11월 유엔협회세계연맹 집행위원회(뉴욕) 개최 시 반기문 유엔 사무총장 예방.
2009년에 서울에서 개최된 제39차 유엔협회세계연맹 총회에서 나는 회장으로 선출되었다. 유엔
사무총장이 된 반기문 씨가 총회장에 참석하여 "이분은 나의 영원한 보스"라고 나와의 특별한 인
연을 강조한 것이 나의 당선에 상당한 영향을 미쳤다.

  3년의 임기를 마친 2011년에 제40차 총회가 브라질 리우
데자네이루에서 개최되었다. 이때에는 브라질의 대부호이면
서 미국의 부시 대통령과도 친한 유명인사 마리오 가네로Mario
Garnero 브라질 유엔협회 회장이 유엔협회세계연맹 회장에 출마
할 의사를 비쳤는데, 그 사람이 총회를 며칠 앞두고 나와의 면
담을 요청해왔다. 그는 유엔협회세계연맹의 회장에 도전하고
싶다는 의사를 솔직히 밝히면서 세계연맹과 회장이 하는 일에
대하여 자세히 물었다. 나는 그동안의 경력과 활동을 바탕으로
내가 아는 그대로 이야기해주었다.

  회의가 무척 많고 1년에 서너 번씩 열리는 집행위원회에 참
가해야 되고 또 해외 각지를 돌아다녀야 한다는 말에 그는 난
색을 표했다. 그러고는 출마를 포기하였다. 단순한 명예직인
줄 알았다가 그게 아닌 걸 알고 생각을 접은 것 같았다.

  나는 그 제40차 회의에서도 단독 추천과 만장일치 추대로
다시 회장을 맡아 현재에 이르고 있다.

  그동안 나는 유엔 대사를 비롯해 내 외교관 인생의 거의 3분
의 1을 유엔 관련 업무에 바쳤다. 그밖에도 국내외에서 여러
공사직의 '장'을 역임해왔으나 유엔협회세계연맹 회장이라는
이 직책이 아마도 공식적인 기구의 수장으로는 마지막이 아닐
까 생각한다. 그만큼 애정과 감회가 남다르기에 앞으로 우리
협회의 활동이 크게 활성화되었으면 하는 바람이다.

# DIPLOMATIC HISTORY OF KOREA

## 2장

## 한국 외교사의 사건 사고들, 그 중심에 서다

DIPLOMATIC
HISTORY OF
KOREA

# 힘없는 시절의
# 무리한 외교

 

 

1960년대 후반으로 기억한다. 최규하 당시 외무부장관이 알제리에서 열린 국제 회의에 참석했다가 외교상 있을 수 없는 무례한 대접을 받았을 뿐만 아니라 며칠간 발이 묶이기까지 한 일이 있었다. 공식적인 국제회의에 참석한 타국 장관을 귀국하지 못하게 붙잡아둔다는 건 지금으로서는 있을 수 없는 일이다.

알제리는 프랑스로부터 독립한 1962년부터 줄곧 강경사회주의 정책을 추구했던 나라로, 세월이 한참 흐른 1990년에 한국과 정식 수교를 시작했지만 그 전에는 북한과 수교 상태였다. 그래서 당시는 유엔 외교 무대에서 남북 간 대결이 있을 때마다 북한 측의 주장인 유엔사령부 해체와 주한유엔군 철수에 찬성하는 등 줄곧 반한정책을 고수하고 있었다.

그런 나라에 위험을 무릅쓰고 한국 대표들이 들어갔던 건 유엔총회를 염두에 두고 남북 간 결의안 대결이 치열한 상황에서 비동맹국가를 한 나라라도 더 우리 편으로 끌어들이기 위해서였다. 이런 노력은 1991년에 남북이 유엔에 동시 가입하기 전인 1980년대까지 계속되었다.

이처럼 현실적인 이유가 있기는 했으나 지금 돌아보면 그때 제3세계로 불리던 비동맹국가들을 상대로 벌이던 외교 전략에는 무리수가 상당히 많았다. 그 무리한 시도들 때문에 외화 낭비도 많았고, 무엇보다도 각국에 나가 있는 외교관들이 너무 힘들었다.

외무부장관에 성격이 좀 강경한 분이 임명되기라도 하면 그런 무리는 더 심했다. 수교가 없는 것은 물론 그동안 일절 접촉이 없던 나라에 가서 수교해오라는 지시가 본부에서 내려온 적도 있었다. 그런 나라들에는 방문 자체가 어렵고 상대국 외교관과의 개인적인 친분도 전혀 없다 보니 본국에서 내려오는 지시는 하늘에서 별을 따오라는 식의 불가능한 임무에 가까웠다.

유엔에서 참사관으로 근무하던 어느 해에는 아프리카의 보츠와나를 비롯해 한꺼번에 몇 나라에 대한 수교 지시가 떨어겠다. 그것도 한 달 안에 구체적인 성과를 올리라고 처음부터 재촉이 심했다.

당시 유엔 대사였던 윤석헌 씨와 나는 지시를 무시할 수는 없고 접촉 방법은 전무하니 난감할 수밖에 없었다. 나는 윤 대사에게 점진적으로 추진하자고 건의했고 윤 대사도 동의했다. 그래서 본국에 그런 내용의 전문을 보내긴 했으나 정부의 고위인사들을 설득하는 것이 쉽지 않았다.

그런 상황에서도 비동맹국가그룹에 가입하려고 치열한 노력을 기울이기도 했다. 당시 비동맹국가들은 말 그대로 미소(美蘇) 어느 쪽과도 동맹을 맺지 않아 미국과 군사동맹을 맺고 있는 우리나라를 대놓고 찬밥 취급하였다. 이따금 옵서버 자격으로 비동맹국가들의 회의에 참석한다 해도 그들을 설득할 논리가 없었다.

여기에는 국제정치적으로 어느 정도 모순된 점도 있다. 당시 북한과 쿠바가 비동맹국가들의 멤버로 가입돼 있었는데 이들은 중립적이 아니라 항상 친소적 경향을 보였다. 그래서 〈뉴욕타임스〉는 비동맹을 호칭할 때 그냥 '비동맹그룹'이라 하지 않고 항상 '소위 스스로를 비동맹이라 부르는 그룹'이라고 지칭했다.

1975년에 페루 리마에서 비동맹국들의 회의가 열렸다. 이때 외무부에서는 한국이 비동맹국 멤버로 가입해야 한다는 무리한 결정을 내렸다. 당시 외무부장관은 뱃심이 좋고 대담한 김동조 장관이었다. 우리 정부 입장에서는 초조할 만했다. 1971년에 중국이 대만을 축출하고 유엔에 입성한 후, 1960~70년대에는 신탁통치에서 해제된 제3세계 신생독립국가들이 대거 유엔 의석을 차지하면서 유엔의 표 분포도가 매우 불리해졌던 것이다.

그러나 당시 상황에서 한국이 비동맹국가그룹에 가입하는 건 쉬운 일이 아니었다. 외무부 내에서도 많은 사람들이 현실적으로 어렵다고 보고 있었으나, 김동조 장관은 강하게 밀어붙였다. 이에 우리 정부는 모든 외교적 방법을 동원하면서 강력한 로비를 펼쳤으나 결과는 망신만 톡톡히 당하는 것으로 끝났다.

당시 베트남 대표로는 국제적으로 이름이 잘 알려져 있던 응웬 티 빈 여사가 참석했다. 빈 여사는 베트콩 출신으로 항불, 항미 전쟁에 참여했고, 파리평화협상 때 남베트남임시혁명정부 대표로 참가했으며, 통일 후에는 교육부장관과 부주석을 역임한 베트남 혁명전사 1세대 여성이다.

이 빈 여사가 연설 중에 우리 한국 대표단을 어찌나 심하게 비난하는지 얼굴이 확확 달아오를 정도였다. 베트남이 통일되기 전에 한국은 미국과 함께 군대를 파병했던 나라였으니 그녀 입장에서는 우리에게 적개심을 가질 만했다. 그리고 그것이 당시 제3세계 국가들이 한국을 바라보는 일반적인 시선이었다.

결국 열심히 노력했음에도 불구하고 우리의 가입 신청은 보기 좋게 퇴짜 맞았다. 그리고 그해 12월, 꼭 그 일 때문만은 아니지만 그런 결과도 상당히 영향을 미쳐 김동조 당시 외무부 장관이 전격 경질되고 박동진 당시 유엔 대사가 외무부장관으로 임명되었다.

DIPLOMATIC
HISTORY OF
KOREA

# 남북한
# 유엔 동시 가입

:

유엔총회 정회원국 자리와 옵서버 국가 간에는 1미터가량
의 낭하Isle가 가로놓여 있다.

"그 1미터 낭하를 건너오는 데 40년이 걸렸다!"

1991년 남북한이 유엔에 동시 가입하였을 때 내가 감격하
며 다른 나라 외교관들에게 했던 말이다. 국가적인 숙원이기도
했지만 개인적으로도 그동안 유엔에 세 번 근무하며 옵서버
국가의 서러움과 한계를 절감했었기에 가슴이 뭉클할 수밖에
없었다.

우리나라는 건국 이후 유엔의 정식회원국이 되고자 끊임없이

노력했다. 1949년에 최초로 유엔에 가입 신청을 했는데, 안보리 표결에서는 압도적인 지지를 받았으나 소련의 거부권 행사로 부결되었다. 이후에도 늘 소련의 반대로 가입이 좌절되었다.

그러던 중 1972년에 분단 이후 최초로 남북이 비밀접촉을 하여 통일을 원칙으로 하는 공동성명을 발표하게 되었다. 우리 정부는 이 원칙에 입각하여 이듬해 6월에 이른바 '6·23특별선 언'을 발표하게 된다. 이 선언에서 박정희 대통령은 남북이 동 시에 유엔에 가입하는 것을 반대하지 않는다는 입장을 밝혔다.

이것은 매우 의미심장한 입장 변화였다. 냉전 중에 소련이 우리의 유엔 가입을 반대한 것은 남한 정부를 국가로 인정하 지 않기 때문이었다. 이는 북한에 대한 미국과 우리 정부의 입 장도 마찬가지였다. 유엔은 '국가'만 가입할 수 있는데, 남북이 서로 상대를 국가로 인정하지 않음으로써 그때까지는 남북 모 두가 상대의 단독 가입을 저지할 수밖에 없었다.

박정희 대통령이 동시 가입을 반대하지 않는다는 정책을 표 명한 건 말하자면 북한을 유엔 맥락에서 국가로 인정하겠다는 뜻이었다. 더불어 북한도 이제는 남한을 국가로 인정하고 서로 동등하게 유엔에 가입하자는 메시지였다.

하지만 북한은 이 제안을 거부하였다. 동시 가입은 한반도 의 영구 분단을 초래한다고 반대하면서 '고려연방공화국'이라 는 국호 아래 남북한이 단일의석을 갖자고 주장하였다. 이는

유엔에서 독자적인 활동과 권리를 갖고자 하는 우리 입장에서
는 받아들일 수 없는 일이었다.

이런 팽팽한 대치상태에 변화가 오기 시작하는 건 1980년
대 후반에 이르러서였다. 노태우 정부에서 소련과 중국을 상
대로 북방외교를 활발히 추진하였고, 1988년도에는 서울에서
88올림픽이 열려 전 세계가 한국을 주목하게 되었다. 서울올
림픽은 특히 그 이전에 소련 모스크바와 미국 LA에서 개최된
두 차례의 올림픽이 공산권과 서방권으로 나뉘어 반쪽으로 치
러진 것과 달리 양 진영이 모두 참가하여 공산권 국가들이 한
국의 발전상을 직접 확인하는 계기가 되었다.

이런 가운데 1989년 2월 우리나라는 공산권 국가로는 최초
로 헝가리와 국교를 맺게 된다. 이어서 베를린장벽이 붕괴되고
동구권이 몰락하는 가운데 우리나라 외교사에 다시 큰 획이
하나 그어진다. 1990년 9월, 공산권의 맹주로서 그동안 우리
의 유엔 가입에 거부권을 행사해오던 소련이 한국과 정식으로
국교를 맺게 된 것이다. 그리고 얼마 후에는 소련의 고르바초
프 대통령이 극진한 환대 속에 방한하였고, 이때 남북한 동시
유엔 가입에 대해 우리 정부와 긍정적인 의견을 교환하였다.

이어서 소련의 세바르드나제 외상이 평양을 방문하여 한국
과의 수교방침을 알렸다. 얼마 후에는 중국의 이펑 부주석이
김일성을 만나 중국은 더 이상 남북의 유엔 동시 가입을 반대

하지 않겠다고 통보하였다. 당시 김일성은 중국에게 1,2년만이라도 동시 가입을 연기해달라고 요청했으나 거절당했다.

상황이 이렇게 돌아가자 북한도 고집을 꺾을 수밖에 없었다. 자칫하면 한국만 단독으로 가입하는 일이 벌어질 수도 있다고 우려했을 것이다. 결국 북한은 1991년 7월에 유엔 가입을 신청하였다. 이어서 8월에는 우리 정부가 유엔 가입 신청서를 제출하였다. 이에 안보리 심사위원회는 남북한의 가입 신청서를 단일안으로 처리하여 토론 없이 만장일치로 가입 추천안을 채택하였다. 그리고 안보리의 가입 추천에 따라 총회는 9월 17일 제46차 총회 개막일에 남북한의 유엔 가입을 정식으로 승인하였다. 가입 순서는 알파벳순으로 정하는 관례에 따라 북한이 160번째, 한국은 161번째 회원국이 되었다. 이로써 한국은 건국 40여 년 만에 비로소 유엔 회원국이 되어 유엔무대에서 본격적인 외교를 시작할 수 있게 되었다.

유엔 총회장에서 정식회원국이 앉는 자리와 옵서버로 참석한 비회원국이 앉는 자리는 통로 하나를 사이에 둔 1미터 거리에 불과하다. 그런데 그 1미터 차이가 유엔 활동의 국가 위상에서는 엄청난 차별로 나타난다.

유엔 창설 이후 각국의 이해관계가 걸린 주요 세계문제는 모두 유엔총회에서 토의되고 안보리에서 결정되었다. 한국전쟁 때 우리나라에 유엔군이 파병된 것도 유엔 안보리의 결의

사항이었다. 그런데 비회원국은 자국과 관련된 문제에도 안건을 제출할 자격이 아예 없고 투표에도 참여하지 못한다. 조르다시피 강하게 요구하지 않으면 한마디 발언할 기회조차 쉽게 얻지 못한다. 회원국이 되지 못하면 유엔에서 자국의 입장을 대변할 통로 자체가 막히는 것이다.

뿐만 아니라 우리 정부의 외교관들은 유엔 대표부에서 외교관 지위로 근무하면서도 정식회원국의 대표부가 아니라는 이유로 외교관의 면책특권도 충분하게 받지 못했다. 그래서 유엔에 파견되는 직원들은 뉴욕의 총영사관에 겸임 발령을 받아 나가는 편법으로 겨우 외교관의 자격을 인정받아야 했다.

유엔에서 근무하며 이런 설움을 수없이 경험했던 나로서는 유엔 회원국이 된 것에 대한 감회가 남다를 수밖에 없었다. 나는 우리나라가 유엔 회원국이 되기 전인 1975~77년까지는 참사관으로, 1980~84년까지 공사로서 또 회원국이 된 후인 1995~99년까지 세 차례에 걸쳐 유엔 대표부에 근무하면서 비회원국일 때의 설움과 회원국이 되고 난 후의 달라진 위상을 외교 현장에서 직접 경험했다. 때문에 회원국 자리에 앉아 예전의 옵서버 자리를 바라볼 때면 가슴이 저절로 뿌듯했다. 동시에 그 1미터 때문에 겪은 수많은 고충들이 무슨 추억처럼 애잔히 떠오르곤 했다. 같은 옵서버 자리에 앉았던 스위스도 꽤 오래 전에 이미 정회원국이 되었다.

## 남북한 유엔 동시 가입

　우리나라는 1948년 제3차 유엔총회에서 대한민국을 한반도 유일의 합법 정부로 승인하는 결의를 채택한 후 1949년 1월에 유엔 가입 신청서를 처음 제출하였다. 국가만을 가입 대상으로 하는 유엔의 규정에 따라 한국이 한반도의 유일한 합법 정부라는 논리로 단독 가입을 추진한 것이다. 그러나 소련 등 공산권 국가들의 반대로 가입이 불가능하자 단독 가입 입장을 포기하고 남북이 동시에 가입하는 쪽으로 목표를 바꾸었다. 그러나 이마저 '동시 가입은 분단을 고착화시키려는 의도'라는 북한의 반대 의사로 인해 성사되지 않았다.

　그러던 중 한국은 88올림픽을 전후해 적극적인 북방정책을 펼치기 시작해 1989년 11월 헝가리, 폴란드와 대사급 수교를 시작으로, 1990년 9월 소련과의 국교 수립, 1990년 10월 중국과의 무역대표부 설치 합의 등 북한의 우방국이던 소련, 중국과 외교 관계를 확대하였다. 그리고 이들 공산권의 맹주들로부터 한국의 유엔 가입에 반대하지 않는다는 약속을 받기에 이른다. 이에 한국의 유엔 가입 가능성이 높아지자 국제관계에서의 고립을 우려한 북한이 동시 가입을 받아들이게 되어 남북한 유엔 동시 가입이 실현되었다.

　1991년 9월 18일 제46차 유엔총회는 개막식에 이어 남북한과 마셜

제도, 미크로네시아, 발트 3국 등 모두 7개국의 유엔 가입 결의안을 일괄 상정하여, 표결 없이 159개 전 회원국의 만장일치로 이들 국가의 가입을 승인하였다. 가입순서는 국명표기 알파벳 순서에 따라 북한이 160번째, 남한이 161번째였다. 이로써 남북한은 분단 43년 만에 각기 독립된 국가의 자격으로 유엔 회원국이 되었다.

유엔 가입 후 유엔총회 기조연설에 남측의 노태우 대통령은 휴전체제를 평화체제로의 전환, 군사적 신뢰구축을 바탕으로 한 실질적 군축, 사람과 물자 정보의 자유로운 교류 등 남북관계정상화 3원칙을 밝혔으며, 연형묵 북한 정무원총리는 남북정상회담 가능성을 시사했다.

남북한 유엔 가입은 그동안 상대를 합법적 국가로 인정하지 않던 남북이 국제무대에서 서로를 국가로 인정한 것으로서, 한반도에서 남북 간 정통성 논쟁에 종지부를 찍고 공존의 시대를 열었다는 데에 역사적 의의가 있다.

# 미국과 갈리 유엔 사무총장의 대립, 그리고 한국

유엔 사무총장은 권위와 영향력에서 극히 중요한 자리인 만큼 세계 모든 나라로부터 골고루 좋은 평가를 받기가 힘들다. 이해관계가 다른 세계의 모든 문제를 공정하게 관리하는 것이 쉽지 않기에 사무총장은 항상 어느 한쪽으로부터 공격을 받는다. 그래서 유엔 사무총장을 뜻하는 'SG Secretary General'는 속죄양 scapegoat 혹은 '지구상에서 가장 불가능한 직무 The most impossible job in the world'로 불리기도 한다.

1945년 유엔 창설 이래 8명의 사무총장은 언제나 지루하고 어려운 협상을 거쳐 타협적인 후보가 선출됐다. 유엔 헌장은

"사무총장은 안보리의 추천에 따라 총회가 임명한다"고 규정하고 있지만 실질적으로는 안보리의 '추천권'이 중요하다. 안보리 추천에는 미국, 러시아, 중국, 영국, 프랑스 등 5개 상임이사국의 거부권이 적용되어 이 중 한 나라라도 반대하면 추천될 수 없다.

유엔 사무총장의 임기는 5년이고 두 번까지 연임할 수 있다. 그런데 현재까지 8명의 사무총장 중에서 제6대 사무총장인 이집트의 부트로스 부트로스 갈리 총장만 유일하게 연임을 하지 못했다. 미국의 반대 때문이었다.

갈리 총장은 첫 임기 중의 업적과 국제적 지지여론을 배경으로 1기 임기가 끝나는 1996년 초부터 재선운동을 은밀히 시작했다. 자기 후임으로 자꾸 코피 아난의 이름이 거론되자 그를 유럽 평화유지군 사령관이라는 한직으로 내보내면서까지 연임에 애착을 가졌다. 그러나 당시 미국 빌 클린턴 행정부는 그가 지나치게 독자적이라고 본 데다 유엔 재정 확충을 위해 국제여행에 과세해야 한다는 그의 제안이 미국 대선에 부정적 영향을 미칠 것을 고려해 강한 반대 입장을 밝혔다.

당시 유엔에 근무하고 있던 나는 갈리 총장과 미국과의 불화를 벌써부터 인지하고 있었다. 유엔이 개입해야 할 중요 국제 사안이 있을 때마다 갈리 총장과 당시 미국의 매들린 올브라이트Madeleine Albright 대사가 격한 언쟁을 벌이는 것을 옆에서 수없이

1996년 유엔 대사 시절, 당시 갈리 사무총장과는 상당한 친분이 있었다. 유엔 총장 중 유일하게 연임을 하지 못한 그였지만 미국에 맞서 자기 주장을 굽히지 않았고, 나는 그런 그를 지지했다. 그 배경에는 세계 경제 10위국이라는 우리나라의 힘이 있었다.

지켜보았다. 두 사람은 심지어 단어 하나—vulgarity(야비함)와 vulgarite(같은 뜻의 불어)—의 차이로도 공개적으로 다투곤 했다.

한번은 이런 적도 있다. 점심을 먹고 유엔본부로 가고 있는 데 갈리의 특별보좌관 샤시 타루 사무차장으로부터 전화가 걸려와 사무총장의 요청을 전했다. 그때 유엔은 마케도니아에 평화유지군을 보낼 예정이었는데 한국 장성이 그 평화유지군의 지휘를 맡아 달라는 것이었다. 나로서는 반갑고 기쁜 제안이었다. 유엔 평화유지군은 세계가 공식적으로 인정하는 유엔의 합법적 군사력이다. 그런 부대의 지휘를 맡는다는 것만으로도 한국의 위상이 높아지고 우리나라 군장성의 우수한 지도력을 과시할 수 있는 기회가 되리라 보았다. 나는 흔쾌히 본국에 보고하겠다고 대답하고 본국의 승인을 받는 데 문제가 없을 것이라고 말했다.

그런데 통화를 끝낸 지 5분도 지나지 않아 올브라이트 대사에게서 전화가 왔다. 용건은 조금 전의 통화와 관련된 내용이었다. 갈리 사무총장이 요청한 제안을 받지 말아 달라는 부탁이었다. 미국은 갈리 사무총장과 내가 통화한 내용을 이미 알고 있었다.

나는 조심스럽게 올브라이트의 청을 거절했다.

"그건 힘들겠네요. 솔직히 우리로서는 기쁜 제안이라 사무총장과 통화를 끝내자마자 본국에 보고했습니다."

"수, 다시 한 번 고려해봐요. 그 제안은 결코 받으면 안 돼요. 마케도니아는 유럽과 미국의 문제이지 한국은 아무 상관없는 지역입니다."

평소에도 나의 퍼스트 네임을 애칭으로 수길 대신 편하게 '수'라고 부르곤 하던 올브라이트는 그 어느 날보다 친분을 내세우며 나를 설득하려 했다. 하지만 내 입장에서는 갈리의 제안을 받는 것이 우리나라의 국익에 좋다고 보았다. 나는 그녀의 요청을 받아들이기 힘들다고 정중하게 대답했다. 이미 내 손을 떠난 문제이며 본국에서도 이미 김영삼 대통령에게 보고하여 그 제안을 받아들였을 것이라고 말하고는 통화를 끝냈다.

그러자 올브라이트는 청와대 외교수석에게 직접 연락을 취했다. 그 전에 이미 나는 공노명 외무장관과 당시 청와대 의전수석으로 있던 반기문에게 전화하여 미국의 요청을 받지 않는 것이 좋겠다고 내 의견을 말했었다. 반 수석은 틀림없이 김대통령에게도 그렇게 보고했을 것이다. 그러나 본국과 그녀 간에 어떤 말들이 오갔는지는 모르지만 그 문제는 결국 미국의 뜻대로 되었다. 그것이 현실이다. 우리나라뿐 아니라 세계 어느 나라도 미국이 강력히 반대하면 어찌할 수 없다.

갈리는 매우 독립적이고 자존심이 강한 사람이어서 미국의 기세에 한 번도 눌린 적이 없었다. 올브라이트 또한 노골적으로 반감을 드러내며 그의 임기가 끝나기만을 기다렸다. 두 사람 모두와 친분이 있던 나로서는 그럴 때마다 어정쩡하게 중립을 지키곤 했다.

사실 미국이 처음부터 그처럼 강하게 반대하고 있다면 연임은 물 건너갔다고 봐야 했다. 그런 상황에서도 갈리 총장은 제3세계와 프랑스, 중국, 러시아의 지지를 굳게 믿고 재선 의지를 굽히지 않았다. 당시 건국 이후 최초로 안보리 비상임이사국에 진출해 있던 우리나라에도 갈리 총장의 지지 요청이 계속되었다.

우리나라는 갈리에 대해 특별히 안 좋은 감정을 가지고 있지는 않았다. 나와 갈리총장과의 개인적인 관계도 아주 좋았다. 게다가 그때까지 사무총장은 거의 관례적으로 연임이 되어왔기 때문에 딱히 그의 연임을 반대할 이유도 없었다. 그러나 강력한 동맹국인 미국의 의사를 무시하면서까지 갈리를 지지할 이유 또한 없었다. 때문에 우리 정부는 내부적으로 갈리의 연임 문제에 기권하거나 미국을 지지하는 어느 한쪽으로 입장을 정하기가 퍽 힘들었다.

이때 나는 본부에다 갈리의 연임을 찬성하는 것이 좋겠다는 의견을 보냈다. 갈리를 지지하는 나라들과의 관계를 고려해야 하는 상황이었다. 미국이 반대하면 어차피 재선이 불가능한데 한국이 굳이 미국 때문에 반대할 필요가 없다고 나는 확신했다.

과거에 우리나라의 외교는 미국과 일본을 비롯해 선진국 중심의 단선적인 외교였다. 그러나 우리나라의 국력이 커지면서 외교 역시 다원-다변화가 되어 아프리카, 남미 국가들, 제3세계와도 밀접한 관계를 갖게 되었다. 미국이 우리에게 가장 중요한 외교 상대국인 건 분명하지만 그렇다고 우리 외교의 전부는 아닌 것이다.

그 전에도 나는 안보리에서 우리가 미국과 의견을 달리 하는 부분이 생기면 "우리가 미국의 의견에 90% 동의하고, 10% 달리 하더라도 이것은 한국이 성장했기 때문에 또 제3세계와의 관계 증진을 위하여 있을 수 있는 일이니까, 조금도 오해하지 말라"고 올브라이트 미국 대사에게 적극적으로 우리 입장을 설명하곤 했다.

그 때문인지 몰라도 미국은 나를 제3세계 지향성이 상당히 강한 사람이라고 보고 있었다. 언젠가 한번은 미국의 정보문서에 기록된 나에 대한 평가를 들을 수 있었는데, 거기에 기록된 나는 제3세계 지향적인 '내셔널리스트'였다.

갈리 총장의 연임 문제가 불거진 이때도 마찬가지였다. 갈리 총장이 연임되고 안 되고는 우리 국익과 큰 관계가 없지만, 우리가 그 문제에 어떻게 대처하느냐에 따라 남미와 중동, 아프리카 등 제3세계 국가들과의 관계에 안 좋은 영향을 미칠 수 있다고 당시 나는 판단했다. 나는 정부에 그런 의견을 강하게 피력했다.

"유엔 사무총장으로서 갈리에게 결정적 흠이 없고 다른 나

라들도 대부분 지지하는데, 미국이 반대한다고 우리가 기권하
게 된다면 한국의 대외 이미지가 크게 나빠질 것입니다. 무엇
보다 우리가 오랜 세월 힘들게 쌓아놓은 제3세계 국가들과의
우호관계에 금이 갈 수 있습니다."

본부에서는 대통령에게 이미 보고된 사항이라고 했지만 나
는 끝까지 고집했다. 그리고 당시 청와대 외교안보수석으로 있
던 반기문에게도 양해를 구했다. 반 특보도 대통령에게 보고하
고 나의 입장을 지지했다.

그렇게 본국을 설득하는 한편 올브라이트 대사에게도 충분
히 설명을 했다.

"미국은 한국이 갈리를 지지하더라도 이를 소화할 수 있지
만, 우리가 이를 반대하면 한국의 대외 이미지는 치명적인 영
향을 받을 수 있다. 투표까지 가기 전에 미국이 갈리의 연임을
제지한다면 우리야 그냥 따르겠지만, 투표를 하게 되면 우리는
찬성할 수밖에 없다. 어차피 미국은 거부권veto power이 있어 갈리
의 연임을 거부할 수 있으니 우리의 찬성 입장을 이해해 달라."

당시 비상임이사국이었던 폴란드의 블로소비츠 대사도 우
리와 비슷한 입장으로 한국의 태도를 주시하고 있었다. 자국의
이익을 위해 미국과 여타 나라들의 눈치를 보고 있던 것이었
다. 특히 미국과 동맹관계에 있는 한국이 갈리 연임을 찬성하
면 자기네도 홀가분하게 찬성할 수 있기에 우리가 어떻게 나

오는지 지켜보았다.

갈리는 미국의 입장이 어떻든 투표까지 가겠다고 강하게 반발하고 나왔다. 미국으로서는 난처한 입장이 되었다. 아무리 거부권이 있다지만 모든 나라가 찬성하는데 홀로 반대를 하게 되면 세계적으로 욕을 먹게 된다. 미국으로서는 거부권을 행사하기 전에 갈리 스스로 물러나는 게 가장 좋은 길이었다.

하지만 갈리는 무슨 일이 있어도 투표를 진행하겠다고 나왔다. 게다가 우리나라 등 중간 입장에 있는 나라들까지 찬성을 하겠다고 하니 일단 투표는 진행되었다. 이 투표에 미국은 참여하지 않았다.

미국이 빠진 채 실시된 투표에서 안보리 14개 이사국이 모두 갈리의 연임에 찬성표를 던졌다. 물론 이 찬성표가 갈리의 연임으로 이어지지는 않는다는 걸 모두가 알고 있었다. 최종적인 순간에 미국이 거부할 것이 분명했으니까.

안보리의 거부권은 이렇게 대단하다. 미국, 영국, 러시아, 중국, 프랑스 등 안보리의 5개 상임이사국은 자기들이 정말 하기 싫은 일은 언제든 하지 않을 수 있다. 국제정치의 모든 일을 자기들의 뜻대로 할 수는 없지만, 적어도 정말 하고 싶지 않은 일은 안 할 수 있는 힘이 있다. 인도, 브라질, 남아공, 일본 등이 새로운 상임이사국이 되고자 그렇게 애를 쓰는 것이 다 그런 이유 때문이다.

결국 갈리는 연임되지 못했다. 14개국의 지지를 받은 것을 위안으로 삼고 쓸쓸하게 유엔을 떠나야 했다. 그 일은 갈리 개인의 인생에 착잡한 통한으로 남았을 것이다.

그 몇 해 후에 나온 갈리의 회고록 제목《정복당하지 않았다 Lin Vanguished》에는 그런 그의 마음이 고스란히 담겨 있다. 미국의 힘에 굴복하지 않고 사무총장 임기 내내 자기 소신을 지켰다는 것이 갈리가 챙긴 유일한 자존심이었다. 언젠가 한승주 박사는 갈리의 회고록 제목을 두고 "유엔이 미국에 의해 정복되었다"고 해석하여 함께 웃은 적도 있었다.

우리나라가 이때 찬성표를 던진 것에 대하여 국내는 물론 각국 외교가에서는 상당히 의외의 일로 받아들였다. 미국과 긴밀한 동맹관계에 있는 한국이 모처럼 자주적 태도를 취했기 때문이다. 외교는 이처럼 실리와 명분의 게임이다. 실리와 명분 사이에, 이익과 후퇴 사이에 가장 유리한 입장을 견지하는 것이 국제외교의 핵심이다.

게다가 가장 중요한 것이 그 나라의 국력이다. 어떤 절묘한 외교 협상도 국력이 달리면 시도조차 할 수가 없다. 한국이 그때 과감히(?) 미국의 의사에 반하여 찬성표를 던질 수 있었던 것도 세계 10위권의 경제국으로 성장한 힘이 바탕에 있었던 것이다.

# 유엔 안전보장이사회
# 이사국이 되다

:

2012년에 우리나라는 외교적으로 두 가지의 큰 성과를 올렸다. 하나는 반기문 유엔 사무총장이 연임되어 5년 더 사무총장직을 유지하게 된 것이고, 또 하나는 우리나라가 유엔 안전보장이사회의 비상임이사국으로 선임된 일이다. 이는 최초로 안보리 비상임이사국에 진출한 1996년 이후 두 번째이다.

비상임이사국의 임기는 2년이어서 올해 2014년에 임기가 만료되는데, 정부는 2028년에 세 번째로 이사국에 진출하기 위하여 이미 입후보 신청을 하였다고 한다. 여러 상황으로 보아 그때가 우리나라의 당선이 가장 유력하다고 판단한 것이다.

우리나라가 안보리 이사국 진출에 얼마나 신경을 쓰고 있는 지는 15년 후의 선거를 벌써부터 준비하고 있는 사실만 보아도 알 수 있다. 그러니 1996년에 처음으로 이사국이 된 일은 그야말로 쾌거라 할 수 있는 큰 사건이었다. 더욱이 그때는 유엔 정식회원국이 된 지 불과 4년밖에 되지 않았을 때였다.

안전보장이사회는 유엔의 유일한 집행기관이자 실질적인 최고 의사결정기관이다. 유엔에 여러 조직과 기관이 있고 그 산하에는 또 수많은 위원회가 있지만 안보리의 결의만 강제력을 갖고 있기 때문이다.

안전보장이사회는 15개 이사국으로 구성되어 있다. 5개국은 상임이사국으로 미국, 영국, 프랑스, 중국, 러시아 등 강대국이 차지하고 있고, 나머지 10개의 비상임이사국은 2년마다 대륙별로 돌아가며 선출되고 있다. 10개국 중 세 자리는 아프리카, 두 자리는 라틴 아메리카, 두 자리는 아시아, 한 자리는 동유럽, 두 자리는 서유럽이며, 아랍 국가들은 아시아와 아프리카에 배분된 자리 중 한 자리를 번갈아 맡는다.

아시아권 국가가 50여 개이므로 산술적으로는 한 나라가 25년에 한 번은 이사국이 될 수 있는데, 무조건 돌아가면서 맡는 게 아니라 그때그때 투표를 통해 결정되므로 국가의 힘에 따라 그보다 오래 걸릴 수도 짧아질 수도 있다.

우리나라는 세계에 기여하는 국제적 활동의 무게와 경제력에 비추어 최소 5년 내지 10년에 한 번은 이사국에 진출해야한다는 것을 정책 목표로 설정하고 있다. 이번에 2028년도의 이사국 선거에 입후보한 것도 그 때문이다. 2028년 이전에는 이미 출사표를 던진 나라가 많아 어려울 것으로 보고 있다. 그러나 나는 우리나라가 2028년 이전에 도전할 필요가 있다고 생각한다. 한국의 국력으로 볼 때 7~8년 주기로 도전해도 승산이 충분히 있다고 본다.

김영삼 대통령 시절에 우리 정부의 첫 번째 국정목표는 '세계화'였다. 그동안 성장해온 우리의 국제경쟁력을 바탕으로 세계경영의 중심에 서보겠다는 뜻이 담긴 목표였다. 이를 위해 정부는 "세계로 미래로 뛰자"라는 구호와 함께 세계화추진위원회를 만들었고, 이듬해에는 부자국가들의 모임인 OECD에 가입을 신청하기도 했다.

이런 가운데 외무부는 1995년 1월 신년 업무보고에서 유엔 안전보장이사회의 비상임이사국에 진출하겠다는 계획을 발표하였다. 안보리 진출은 한국이 국제사회의 주변국에서 중심국으로 발돋움하는 계기가 될 것이 분명하므로 국정목표인 세계화에 가장 잘 들어맞는 목표라 할 수 있었다.

목표는 세웠지만 쉬운 일이 아니었다. 한국은 당시 유엔 회원국이 된 지 4년째에 불과해 유엔 무대에서 영향력이 크지 않았다. 국제적인 선거에서 어떻게 활동해야 유리한지 등의 정보도 부족하고 경험치도 많지 않았다. 그러나 일단 목표를 세웠으므로 정부는 주요 강대국들과 정상회담을 추진하는 한편 세계 각국에 특사를 파견하여 적극적인 득표 작전을 시작하였다.

당시 한국이 안보리에 진출하는 데에 가장 큰 걸림돌이 된 국가는 스리랑카였다. 스리랑카는 1960년대에 비상임이사국을 한 번 역임한 바가 있고, 서남아 국가를 비롯해 비동맹권의 지지를 바탕으로 국제 외교무대에서 상당한 영향력을 행사하고 있었다.

무엇보다 스리랑카에는 유엔 내에서 탄탄한 인맥을 자랑하는 인물이 있었다. 훗날 유엔 사무총장 후보로까지 거론된 자얀타 다나팔라 유엔 군축담당 사무차장이었다. 당시는 특히 안보리에서 핵확산금지조약NPT 연장 문제가 뜨거운 이슈로 부각되고 있어 군축 전문가인 다나팔라 사무차장의 영향력을 무시할 수 없었다. 실제로 그 후 핵확산금지조약 연장 문제가 잘 타결된 데에는 다나팔라 차장의 역할이 컸다.

안보리 비상임이사국으로 선출되려면 총회에서 참석국가 3분의 2 이상의 지지를 얻어야 한다. 그런데 스리랑카가 아주(亞洲)그룹의 강력한 지지를 받고 있어 우리나라는 승리할 가능성이 크지 않았다. 때문에 우리 정부는 가급적 스리랑카와 표 대결을 벌이지 않고 아시아권의 단독후보국이 되는 쪽으로 방향을 잡았다.

때마침 스리랑카 정국이 혼란스러워졌다. 1994년 9월에 야당이 집권하게 되자 그동안 내전으로 피폐해진 경제를 재건하는 것이 중요해져 안보리 진출에 관심이 줄어들었다. 게다가 다나팔라는 지난 정권에서 부각된 사람이라 새로 정권을 잡은 야당은 그가 안보리 스리랑카 대표가 되는 것을 원하지 않았다.

우리는 이런 틈새를 파고들면서 스리랑카에 대한 경제적 지원을 강화하였다. 한국에 후보 자리를 양보하면 한국 기업의 투자유치에 보다 유리한 환경이 조성될 것이라는 점을 적극적으로 부각시키며 후보 사퇴를 종용하였다. 결국 스리랑카는 1995년 5월에 안보리 비상임이사국 후보 사퇴를 선언했다.

비동맹국가들이 우리를 적극 지지해준 것도 도움이 되었다. 우리나라는 유엔 가입을 위해 노력할 때부터 이미 비동맹국가들에게 많은 경제원조를 하면서 우호를 증진해왔다. 그래서 1980년대 초반까지만 해도 북한에 기울어 있던 비동맹국가 상당수가 이때는 한국과 우호적 관계를 강화하고 있었다.

그러나 안심할 수만은 없었다. 지지를 약속하고서도 유엔 총회 투표에서는 찬성표를 던지지 않는 나라가 생길 가능성도 배제할 수 없었기 때문이었다.

이에 따라 정부는 전방위적인 '표밭 다지기' 전략을 세우고 마지막까지 긴장의 끈을 놓지 않았다. 김영삼 대통령은 세계 각국 정상과의 회담을 통해 한국의 안보리 진출에 대한 지지를 재차 당부했고, 공로명 당시 외무부장관도 남미 순방 등을 통해 한국에 대한 지지를 재확인했다. 유엔에 공관이 없는 약소국에게는 뉴욕행 여비까지 제공해가며 투표 참여를 독려했다. 그리고 나는 이 시기에 대통령 특사 자격으로 이란, 이라크 등 중동의 여러 나라들을 돌며 지지를 요청했다.

결국 1995년 11월 8일 유엔총회에서 실시된 안보리 비상임 이사국 선출 투표에서 우리나라는 안보리 진출을 확정지었다. 투표 참가국 177개국 가운데 유효투표의 3분의 2인 118표를 훨씬 넘는 156표의 찬성을 얻어낸 것이다. 이로써 불과 몇 해 전까지만 해도 유엔에 정식회원국이 되는 것이 목표였던 한국이 당당히 15개 안보리 이사국의 일원이 되었다.

# 유엔 안전보장이사회

"이 헌장이 몇 년 전에만 있었더라도 수백만 명의 목숨을 구할 수 있었을 것이다."

미국의 트루먼 대통령이 유엔 헌장에 대하여 한 말이다.

인간의 과학과 문명이 정점을 향해 달려가던 20세기 초반은 지구촌의 모든 국가가 전쟁의 참화에 시달린 절망의 시기이기도 했다. 두 번의 세계대전을 치른 후 국제사회는 더 이상 이런 비극은 없어야 한다는 것에 공감하여 인류의 평화와 번영을 위한 새로운 국제기구를 만들게 된다. 1945년 10월 24일에 창설되는 유엔이 그것이다.

유엔의 수많은 기관 중에서도 가장 핵심은 5개 상임이사국과 10개 비상임이사국으로 구성되는 안전보장이사회이다. 유엔의 안전보장이사회는 국제평화와 안전유지에 필요한 행동을 취할 최종적인 책임과 권한을 갖고 있다. 5개 상임이사국은 미국, 중국, 러시아, 영국, 프랑스이며, 임기 2년의 비상임이사국은 매년 유엔 총회에서 5개국씩 선출되는데, 각 지역 그룹별로 의석이 할당되어 있다. 투표에 참가한 유엔 회원국 3분의 2 이상의 지지를 얻어야 선출되며 연임은 불가능하다.

안전보장이사회의 주요 결정은 상임이사국 5개국을 모두 포함한 9개국 이상의 찬성으로 이루어진다. 상임이사국은 거부권을 행사할 수 있어,

5개국 중 어느 한 국가라도 반대하면 어떠한 결정도 성립될 수 없다. 안전보장이사회의 주요 기능 및 권한은 국제 분쟁의 조정 또는 해결 권고, 국제평화 유지를 위한 경제적·군사적 강제 조치 집행, 신탁통치 기능 수행(이임무는 이미 끝났음), 군비통제안 수립, 신회원국 가입 권고, 유엔 사무총장 임명·권고 등이다.

한국은 1991년에 북한과 함께 유엔에 동시 가입하여 정회원이 되었고, 이후 1996년에 최초로 안보리의 비상임이사국에 선출되었다. 그리고 지난 2012년 10월 18일 미국의 뉴욕 맨해튼 유엔본부에서 열린 유엔 안전보장이사회 5개 비상임이사국 선거에서 두 번째로 비상임이사국에 진출하였다. 한국은 1차 투표 결과, 동남아시아국가연합ASEAN, Association of Southeast Asian Nations 의장국인 캄보디아가 예상외로 62표를 얻으면서 116표에 그쳤다. 이에 3위를 차지한 부탄을 제외하고 2차 투표가 열렸으며, 전체 191개 회원국 가운데 149개국의 압도적인 지지를 받으면서 15년 만에 다시 2년 임기의 안전보장이사회 비상임이사국에 오르게 되었다.

# 안보리 이사국이 갖는
# 국제적 파워

:

우리나라는 1996년에 건국 이후 최초로 유엔 안전보장이사회의 비상임이사국이 되었다. 안전보장이사회의 이사국이 된다는 것은 유엔에서 다루는 국제평화와 안보 문제의 최고의사결정에 참여한다는 의미를 지닌다. 거부권을 갖고 있는 5개 상임이사국의 위상에 비할 바는 아니지만 세계 문제에 대한 발언권과 영향력이 엄청나게 높아지는 것이다.

우리나라가 유엔 안전보장이사회의 이사국이 되자 당장 미국부터 우리를 대하는 태도가 달라졌다.

미국의 매들린 올브라이트 국무장관은 나를 비롯해 유엔에 근무하던 한국 대표부의 주요 간부 전원을 국무성에 초청해 후하게 대접하면서 국제정세의 주요 이슈에 대해 상세히 브리핑해주었다. 그러면서 당시 미국에 적대적이던 리비아, 이라크 등 중동지역에 대한 미국의 입장을 지지해줄 것을 요청하였다.

그때는 정말이지 표정관리를 해야 할 만큼 어깨가 으쓱했다. 그 전까지는 한국 문제가 걸려 있는 사안에 대해서도 안전보장이사회의 비밀회의에서 어떤 이야기들이 오가는지 전혀 알 수가 없어 전전긍긍하고는 했다. 그래서 이사국 외교관들을 찾아다니며 정보를 조금이라도 더 들으려고 귀동냥을 해야만 했다.

그랬던 우리나라가 미국 국무성으로부터 직접 세계의 주요 현안에 대해 브리핑을 받고 협조요청까지 받았으니 이것 하나만으로도 우리의 국제적 위상이 확 달라진 것을 실감할 수 있었다.

그해 1996년 9월에 북한 잠수함 동해 침투사건이 일어났다. 동해안 강릉 근해에서 북한 잠수함이 좌초된 뒤 26명으로 추산되는 북한 특수부대원과 승무원들이 강릉 근처 산속으로 도망갔다. 이들을 체포하는 과정에서 우리 군경은 물론 민간인들까지 사상자가 발생하였고, 정부는 이 사건을 유엔의 안전보장이사회에 제출하며 공식적으로 문제 삼았다.

우리의 항의에 대해 북한은 자신들의 잠수함이 엔진 고장으로 표류했을 뿐이라고 거짓말을 둘러댔다. 그때 공로명 당시 외무부장관과 나는 유엔총회에 참석 중이던 중국의 첸치천 당시 외교부장과 신화순 주유엔 대사를 오찬에 초대했다. 그 자리에서 우리는 북한의 잘못을 입증하는 구체적 증거를 제시하면서 안전보장이사회가 의장성명을 내야 한다고 그들을 설득했다.

북한과 특수한 관계인 중국은 쉽게 받아들이지 못하고 머뭇거렸다. 거부권을 갖고 있는 중국인 만큼 자기들이 마음에 안 들면 거부하면 그만이었다. 하지만 아무리 강대국이라도 유엔의 공식적인 의제이면서 세계가 주목하는 문제를 자기들 입장대로만 결정하지는 못한다.

무엇보다 한국이 안보리의 회의석상에 함께 참여하는 이사국이었기에 명분도 없는 일로 우리 의견을 무시하기는 어려웠다. 우리가 이사국으로 있는 2년 동안 우리의 협조가 필요한 어떤 일이 생길지 모르기 때문이었다.

결국 중국은 우리가 제기한 문제에 대해 안보리가 어떤 조치든 취해야 한다는 필요성에 동의하였다. 이후 중국은 안보리 의장 성명에서 북한이 반발할 만한 내용을 조금이나마 완화시키려 노력하는 것에 그칠 수밖에 없었다. 그리하여 우리 의도대로 북한에 대한 경고가 담긴 안전보장이사회 의장성명을 발표할 수 있었다.

흥미로운 사실은 의장성명 채택 후 2개월쯤 지난 그해 12월에 북한이 이례적으로 사과성명을 발표했다는 점이다. 안전보장이사회 의장성명으로 인해 그들의 고립이 더욱 심화된 데다 절박한 식량난 해소를 위해 한·미 양국의 지원 확보와 북·미 관계의 증진이 절실했기 때문이다.

이런 몇 가지 사례만 보더라도 안보리 이사국이 갖는 국제적 파워를 알 수 있다. 상임이사국인 5대 강국들의 막강한 영향력이야 말할 것도 없지만, 비상임이사국의 권한도 적지 않은 것이다.

나와 개인적으로도 가까웠던 이라크의 외상 겸 부총리 타리끄 아지즈는 후세인 대통령 시절 외무장관과 부총리를 지낸 사람인데 유엔총회 의장도 역임한 바 있어 중동지역에서는 명성이 꽤 높았다. 그는 우리가 안보리 이사국으로 있을 때 이라크 문제가 안보리에서 토의될 때마다 나를 찾아왔다. 미국이 이라크의 대량살상무기를 문제 삼아 압박을 가하고 있을 때는 자기 나라에는 결코 대량살상무기가 없다고 하소연하면서 이를 꼭 미국에도 전달해 달라고 간곡히 부탁하였다.

유엔과 같은 다자 외교 무대에서는 회의를 소집할 수 있는 권한이 중요하다. 안보리 회의를 소집하고 안보리 의제로 다루는 것만으로 국제적 관심을 집중시키기 때문이다. 그래서 우리가 안보리의 소집권을 갖는 의장국으로 있을 때에 특히 로비가 집중되었다.

안전보장이사회 의장 시절에 사회 보던 모습. 유엔과 같은 다자 외교 무대에서는 회의를
소집할 수 있는 권한이 중요하다. 15개 이사국을 소집하고 유엔의 의제로 다루는 것만으
로 국제적 관심을 집중시키기 때문이다. 이 점에서 우리가 안보리의 소집권을 갖는 의장
국으로 있을 때에 특히 로비가 집중되었다. 안보리 의장 시절은 나의 40여 년 외교관 인
생에서 정점을 찍었던 때였다고 할 수 있다.

내가 안보리 의장을 하고 있을 때에는 그때까지 한 번도 만난 적 없는 동티모르의 외무장관이 찾아왔다. 당시 동티모르는 인도네시아의 속령으로 있었는데, 그는 나에게 정중하게 경의를 표하면서 자기 나라가 곧 독립을 하게 될 것이니 도와달라고 부탁하였다. 이때 만났던 주제 라모스 오르타 장관은 나중에 동티모르의 분쟁을 평화적으로 해결하려고 노력한 공로로 노벨평화상을 수상하였다.

이밖에도 내전을 겪고 있거나 독립투쟁을 하고 있는 에티오피아, 수단 같은 나라 대사들도 수시로 우리 유엔 대표부를 방문해 현재 자신들의 입장을 설명하면서 유엔에 가입하는 문제 등 여러 도움을 요청하곤 하였다.

한국이 유엔의 정회원국도 아니던 1970년대부터 유엔에 근무했던 나로서는 이런 일들 하나하나를 겪을 때마다 그야말로 격세지감을 온몸으로 실감하며 한국이 비로소 국제외교 무대에서 무시 못 할 국가로 성장했다는 자부심을 느꼈다. 개인적으로도 이 시절은 나의 40여 년 외교관 인생에서 아주 값진 시기였다 하겠다. 한국이 의장국을 했을 바로 그때 나의 발의initiative로 '분쟁 상태에 있어서의 난민보호 문제에 관한 의장성명'을 전원 합의로 채택했다.

그로부터 16년이 지난 2012년에 한국은 두 번째로 안보리 비상임이사국에 선출되었다. 비상임이사국을 열 번이나 경험한 일본을 비롯해 독일, 인도, 남아공, 멕시코, 브라질 등은 지금 유엔의 상임이사국 수를 늘려 자기들도 거부권을 가진 상임이사국 대열에 끼고자 공통의 노력을 집중하고 있어 유엔 회원국들은 그들을 애스피란트 그룹Asperant Group(상임이사국이 되기를 희망한다는 뜻)이라 부르고 있다.

비상임이사국에 겨우 두 번 진출했을 뿐인 한국의 국제적 무게는 그들과 같은 수준이라고 할 수 없지만 우리의 유엔 가입(1991년) 자체가 워낙 늦었기에 어쩔 수 없는 일이다. 그러나 우리나라의 국력이 이대로만 성장해간다면 앞으로는 5~10년 주기로 비상임이사국이 될 것으로 전망된다. 그러나 다른 한편 인도 등 애스피란트 그룹 나라들이 상임이사국이 될 전망은 극히 불투명하다. 중국, 러시아 등이 일본, 멕시코, 이집트, 인도 등 국가들이 상임이사국이 되는 것에 대해서는 절대로 반대하는 것이 명백하기 때문이다.

# 유엔 인권소위원회의
# 한일 대결

⋮

나는 2000년부터 3년간 유엔 인권위원회(현재는 유엔 인권이
사회로 개칭) 유엔 인권소위원회(현재는 인권이사회자문그룹으로 개
칭)에서 활동했다. 제네바와 유엔 주재 대사를 역임한 후 경희
대 평화복지대학원장으로 재직할 때였다.

인권소위원회의 정식 명칭은 '차별방지 · 소수자보호 소위
원회'로, 인권과 기본적 자유에 관한 모든 종류의 차별방지와
소수자보호를 목적으로 1947년 유엔 인권위원회의 하부기관
으로 설립되었다. 유엔 인권위원회의 싱크탱크 역할을 하는 위
원회인 것이다.

인권소위원회 위원들은 정부 대표가 아니라 개인 자격으로 출마해 당선된 전문가들이다. 임기는 3년이고 인권에 관한 전문적인 경험과 지식이 있는 세계 5개 지역그룹을 대표하는 26명의 각계 전문위원들이 참여하고 있다. 이 인권소위원회에는 나와 함께 서울대학교의 정진석 교수가 부위원으로 선출되었다(현재는 자문위원으로 재직 중).

소위원회 회의는 대개 매년 8월 즈음에 인권이사회가 있는 제네바에서 개최된다. 보통 3주 정도 열리는 이 소위원회에서는 전 세계의 모든 인권 관련 문제가 연구·토의되고, 이 기간에 대략 3,40개의 각종 결의문이 채택된다.

3년의 소위원회 활동 중에 나는 주로 일본의 군위안부 문제와 역사교과서 왜곡 문제, 북한의 탈북자 등 난민보호에 대한 문제들에 결의안을 제출하여 채택되었다.

결의안 하나를 제출하려면 위원들을 설득할 명분과 법적인 논리를 갖추기 위하여 예전의 회의록이나 유사 사례에 대한 국제판례를 비롯해 적지 않은 관련 문서를 들여다보아야 한다. 다른 위원들이 낸 결의안에 나의 입장을 정리하기 위해서도 마찬가지 노력이 필요하다. 그러다보니 3년간 얼마나 많은 문서를 보았는지 시력이 약화될 정도였고 체력 소모도 이만저만이 아니었다.

인권소위원회 위원들은 다년간 인권문제에만 매달려 사고

범위가 단순한 면도 있다. 국제테러와 이라크 후세인 정권의 붕괴에 대한 논란을 보면서 현실정치와 인권규약에 상호 모순되는 점이 있음을 실감했다. 종종 현실성 없는 이야기도 나오는 그 회의에서 나는 늘 전문성을 어느 정도 갖춘 제너럴리스트를 지향하려 했다.

이따금 나는 이 소위원회의 동료 위원들에게 농담조로 나자신을 '스페셜 제너럴리스' 혹은 '제너럴 스페셜리스트'라고 부르곤 했다. 그러면서 이 말을 "특급 전문가는 아니지만 아마추어보다는 경지가 높다는 뜻"이라고 설명해주었다.

전 세계의 인권문제를 다루는 만큼 개인적인 보람과 자부심도 상당했던 시기가 인권소위원회 위원으로 활동하던 당시였다.

그 중에서도 가장 기억나는 것은 2001년 제53차 회의에서 군대 위안부 결의안을 상정해 표대결을 벌이는 과정에서 일본의 요코다 류조 위원과 내가 격론을 벌인 일이다.

이날 회의에서는 군대 위안부와 역사교과서 왜곡 등 일본의 과거청산 문제가 집중적으로 거론되었다. 중국 주제네바 대사 출신인 판 구오시앙 위원은 남북한 대표와 NGO들의 연이은 대일 성토발언이 끝난 후 다음과 같은 발언으로 일본의 태도를 꼬집었다.

"유엔 인권소위원회에서 군대 위안부를 비롯해 역사교과서 왜곡 문제 등이 계속 논의되고 있는 것은 일본이 독일과는 달리 2차 세계대전에 대한 해결책을 찾으려고 하지 않고 책임을 회피하고 있기 때문이다. 군대 위안부는 심각한 인권침해일 뿐 아니라 국제적으로도 성노예 문제로 인식되는 중요한 사항이므로 식민주의 문제와 더불어 지속적으로 해결책을 강구해야 한다."

나는 그의 발언을 받아 일본이 자행한 성폭력 피해자의 배상 문제를 직접 거론했다. 일본이 유엔특별보고관의 보고서나 인권위원회에서 채택된 일련의 결의사항도 무시하며 아무런 조치도 하고 있지 않다고 공격한 것이다.

일본에 대한 비난이 이어지자 요코다 위원은 더 이상 가만 있을 수 없었는지 본국의 입장을 대변해 적극적으로 방어하기 시작했다. 일본 도쿄대학에서 국제법과 국제기구에 대해 강의하고 있는 요코다 위원은 학자 출신 전문가답게 우선 국제법 상의 논리를 들이밀었다.

요코다 위원은 국제법상 개인배상이 인정될 수 있느냐에 대해서는 법적인 논란이 있다면서 군대 위안부에 관한 배상은 샌프란시스코 강화조약과 한일 간 양자협정에 의해 완결됐다는 일본 정부의 입장을 대변하고 나섰다.

원래 유엔 인권소위원회는 정부와는 무관하게 각 지역을 대표한 독립적인 전문가로 구성되어 있어 공개적으로 자국의 입장을 대변하지 못한다는 것이 불문율이다. 그러나 미국 출신의 데이비드 바이스브로트 의장은 고이즈미 일본총리의 신사참배로 일본의 과거청산 문제가 국제적인 이슈로 부상한 점을 의식했는지 이 설전에 관여하지 않았고, 다른 동료 위원들과 비정부기구NGO 대표들도 우리의 논리 공방을 흥미롭게 지켜보았다.

요코다 위원은 자기 논리를 뒷받침하기 위하여 자신이 자문위원으로 참여하기도 했던 '아시아여성기금'을 내세웠다(태평양 전쟁 중 일본에 의해 강제로 일본군 위안부로 동원되어 피해를 입은 여성들에 대한 보상 사업과 여성의 명예와 존엄 등에 관련된 문제 해결을 목적으로 하여 설립된 재단법인이다).

요코다 위원은 이 재단의 활동을 설명하며 "비록 충분하지는 않다고 판단되지만 한국, 대만, 필리핀의 군대 위안부 희생자 170명이 기금을 수용했다"는 사실을 부각하면서 구체적인 금액을 달러로 환산해 보이기까지 했다.

나는 즉시 발언권을 다시 신청해 군대의 성노예인 위안부 문제를 어떻게 인권이 아닌 돈의 문제로 인식하느냐고 따졌다. 이어서 내가 열네 살 때 우리 마을의 어린 소녀가 일본 군헌병에 끌려가는 것을 직접 보았다는 말까지 해가며 "만일 여러분의 딸이나 누이동생이 일본군대의 성노예로 끌려갔다면 이 문제를 돈으로 해결할 수 있다고 생각하느냐"며 강하게 다그쳤다.

그러고는 국제법 전문가임을 내세우는 요코다 위원의 논리에 대해 "나도 국제법을 대학에서 강의하고 있다. 개인의 구제권을 인정하는 것이 국제법 학계의 다수 견해이며, 지난 1997년의 인권소위원회 결의에도 명시되어 있다"고 조목조목 반박하였다. 또 아시아여성기금에 대해서 한국 정부는 분명한 거부 의사를 표명했다는 점도 밝혔다.

그러자 요코다 위원은 섣불리 돈 문제를 꺼냈다고 판단했는지 2차 발언권을 신청하여 "내가 제기한 문제는 국제법상 개인의 배상문제에 결론을 내리기가 어렵다는 것이었지 안 된다고 말한 것은 아니었다"고 조금 궁색한 변명을 했다.

그 말끝에 요코다 위원은 사견임을 전제하면서 "군대 위안부는 일본에 의해 자행된 끔찍한 인권침해였으며 국제법 위반이었다. 아시아여성기금에 일본 정부가 적극적으로 기금을 지원해야 한다는 것이 나의 견해"라고 말하면서 일본 정부의 과오를 공개적으로 인정하는 자충수를 두었다.

이렇게 십여 분 격렬한 공방이 오가자 노르웨이 출신의 아스뵈른 아이데 위원이 나섰다.

"독립적인 자격으로 참여한 위원들이 자국 정부의 입장을 두둔하는 것은 바람직하지 않다. 그러나 나의 개인적 견해를 얘기하자면 박 위원의 입장에 전적으로 동의한다. 일본 정부는 독일 정부와 같은 전후 보상 조치를 당연히 취해야만 할 것이다."

그러자 소위원회 위원 중 대표적인 친일파로 알려진 모로코의 할리마 엠바렉 와자지 위원이 나섰다. 그는 인권소위원회가 언제까지 한·일 양국의 문제를 다뤄야 하느냐며 우리의 논쟁을 중지시키려 했다.

나는 이번에도 즉시 재발언권을 신청했다. 조금 곤혹스러워진 의장이 발언 자제를 요청했으나 나는 강력히 주장해 발언권을 얻어내고는 다음과 같이 위안부 문제의 범죄성을 강조했다.

"군대 위안부 문제는 한·일 두 나라만의 문제가 아니다. 이는 어린 여성들을 성노예로 전락시킨 것으로, 유엔이 수호해야 할 기본적 인권을 침해한 국제적으로 중요한 사건이다."

내 말이 끝나자마자 얼굴이 붉게 달아오른 와자지 위원이 추가 발언을 신청했다. 그러나 의장은 더 이상의 발언 신청은 받지 않겠다면서 "모두 휴식이 필요할 것 같다"는 말로 회의를 마무리했다.

회의가 끝나자 외국 옵서버와 우리 NGO대표들, 취재기자들로부터 박수가 쏟아져 나왔다. 당시 현지 특파원으로 위원회 활동을 취재하던 연합뉴스의 오재석 기자(현재 연합통신 상무)는 "유엔 인권소위원회 한·일 전문위원 간 맞대결서 완승"이라는 제목으로 이날 회의의 분위기를 자세히 보도하였다. 또 현재 외교부장관으로 있는 윤병세 주유엔 공사도 회의 현장에서 이 사건을 목격하고 나를 격려해주었다.

# 아시아여성기금

1993년 8월 4일에 일본의 고노 요헤이 내각관방장관(일본 정부 내각에서 국가의 기밀 사항, 인사, 관인 보관, 문서, 회계, 통계 따위의 총괄적 사무를 담당하는 내각관방의 장을 말한다)은 '종군위안부 문제'에 대하여 1년 8개월 동안의 조사를 걸쳐 담화문을 발표하였다. 이른바 '고노 담화'로 불리는 이 담화문은 일본군 위안부에 강제성이 있었고 일본 정부가 그에 직간접적으로 관여하였다는 점을 인정했다는 점에서 중요성이 크다.

이후 1994년 8월에 무라야마 도미이치 내각총리대신은 종군위안부 문제에 대해 민간 기금을 설립하여 위문금을 지급하는 구상을 발표하였다. 이에 따라 이듬해 1995년 7월에 '여성을 위한 아시아 평화국민기금Asian Women's Fund'이라는 이름의 재단을 설립하였다. 태평양 전쟁 중 일본에 의하여 강제로 일본군 위안부로 동원되어 피해를 입은 여성들에 대한 보상 사업과 '여성의 명예와 존엄 등에 관련된 현재의 문제 해결을 목적'으로 하여 설립된 재단법인이다. 이를 줄여서 '아시아여성기금'이라고 한다.

이 재단은 1997년 1월 한국인 종군위안부 피해자를 시작으로 보상금 지급을 개시하였고, 2007년에 해산하였다. 재단이 일본 총리의 사과편지와 함께 피해자 한 사람당 보상한 금액은 200만 엔이었다. 그런데 이 재단은 일본 총리부와 외무성이 공동 관리하는 법인으로 설립되어 일본 정부가 운영비를 부담하지만 보상금은 일본 국민으로부터 모금하여 지급하는 방식으로 운영되었다. 이는 종군위안부 피해자에 대하여 일본 정부가 공식적인 배상을 하는 것이 아니라는 의미이다.

그때까지 일본은 다른 나라와 조약 또는 협약을 체결하면서 태평양 전쟁의 문제에 대해서는 모든 대처를 다했다고 주장해왔기에 이 기금 또한 공식적인 배상이 아니라 민간 차원의 도의적인 보상으로 포장한 것이다.

위안부 문제 해결을 위해 활동해온 한·일 시민단체들은 일본 정부의 법적인 책임을 인정하지 않은 이 기금을 원칙적으로 반대해왔고, 피해 여성들한테도 이 돈을 받지 말도록 권고했다.

앰네스티 한국지부와 한국정신대문제대책협의회는 2005년 10월 28일 기자회견을 통해 종군위안부 보고서 〈60년이 넘도록 계속되는 기다림〉을 발표했다. 이 보고서에서는 "일본이 1995년 설립한 아시아여성기금은 국제적 배상 기준에 부합하지 못하며, 국제적·법적 책임을 교묘하게 피해 가기 위한 수단으로 악용되고 있다"고 비판했으며, 앰네스티는 일본 정부 측에 "법적 책임을 지고, 가능한 모든 행정수단을 동원하여 배상해야 한다"고 권고했다.

최근에 아시아여성기금의 사무국장을 지낸 와다 하루키 도쿄대 명예교수는 아시아여성기금을 받은 이들이 한국인 60명, 대만인 13명, 필리핀인 211명, 네덜란드인 79명 등이라고 밝혔다. 한국인 60명이라는 숫자는 한국 정부가 인정한 피해자 207명의 29%에 해당한다.

# 반기문은 어떻게
# 유엔 사무총장이 되었나

⋮

반기문이 유엔 사무총장에 출마하겠다고 공식적으로 밝힌 건 2006년 2월이다. 외교통상부장관으로 2년 가까이 근무했고, 선거가 있는 유엔총회는 8개월 정도 남았을 때였다.

당시 정부는 내부적으로 반기문의 출마를 인정하고 다른 나라의 움직임을 주시하던 중이었는데, 참여정부 임기 중에 한국인 유엔 사무총장이 나온다면 큰 성과로 남을 것이기에 노무현 대통령도 깊은 관심을 보이고 있었다. 그러나 정부가 너무 일찍 표면에 나서면 오히려 안 좋은 영향을 미칠 수도 있어 공식적인 발표는 미루고 있었다.

그런 상황에서 해외 언론이 먼저 반기문의 출마설을 보도하였다. 그의 출마에 대한 해외의 반응은 긍정적이지 않았다. 미국의 주유엔 대사를 지낸 홀브르크는 〈워싱턴포스트The Washington Post〉지에 쓴 기고문에서 중국이 미국과 동맹을 맺고 있는 한국인을 유엔 사무총장으로 지지할 리가 없다며 부정적인 반응을 보였다.

하지만 같은 시기에 존 볼튼 유엔 주재 미국 대사는 "우리는 반 장관을 높이 존경하고 있다. 그가 워싱턴과 유엔에서 근무할 때부터 잘 알고 있는데, 우리는 그를 외교관으로서 또 자연인으로서 매우 높게 평가하고 있다"고 반기문 장관에게 높은 점수를 주었다.

출마 선언과 함께 반기문은 본격적으로 전 세계를 상대로 선거 운동을 하기 시작했다. 우선 이미 잡혀 있던 외교 일정에 따라 유엔 안보리 비상임이사국인 가나, 콩고와 상임이사국인 프랑스, 영국 등을 방문해 지지를 부탁했고, 3월에는 노 대통령의 아프리카 방문길에 동행해 이집트, 나이지리아, 알제리 등에 지지를 호소했다.

반 장관은 또 북한 문제를 다루는 6자회담을 주도했는데, 미국, 중국, 일본, 러시아의 외상들과 머리를 맞대고 논의하면서 협상 능력을 인정받았다. 이 회담을 통해 주요 강대국 외상들과 개인적인 감정까지 얘기할 정도로 가까워졌으니 어떤 면에서 반기문은 북한의 도움까지 받은 셈이었다.

이처럼 반기문은 뒤늦은 출발에도 불구하고 누구보다 정열적이고 자신감 넘치는 행보를 보였다. 그러자 해외 언론도 반기문을 다크호스의 등장으로 표현하면서 예의 주시하기 시작했다.

그런 와중에 한 번의 위기가 찾아왔다. 대통령 주변에서 반기문 외교통상부장관을 교체해야 한다는 말들이 나왔다. 가능성도 희박한 유엔 사무총장에 입후보한다면서 개인적인 선거운동에만 열을 올리고 있으니 이참에 물러나게 하고 확실한 참여정부 인사를 장관에 앉히자는 것이었다.

반기문은 이 말을 노무현 대통령에게 직접 들었다고 한다. 노 대통령은 반기문을 불러 주변에서 올라오는 말들을 그대로 전하면서 "그렇게 해도 되겠습니까?" 하고 장관직 교체에 대한 의견을 직접 물었다는 것이다.

반기문은 이렇게 대답했다.

"대통령님께서 제가 장관직에서 물러나는 게 좋겠다고 생각하시면 당연히 물러나겠습니다. 다만, 사무총장 선거운동을 하는 데에는 외교통상부장관직을 유지하고 있는 것이 크게 유리합니다. 다른 나라들의 국가원수를 비롯해 외무장관을 수시로 만날 수 있기 때문입니다."

묵묵히 반기문의 말을 듣고 난 노 대통령은 웃으면서 고개를 끄덕였다. 그리고 딱 한마디를 했다.

"그래요? 그러면 장관 계속하세요."

반기문은 이때의 일에 대해 대통령께 정말 고마웠다고 나중에 술회하였다. 내 앞에서도 몇 번이나 그 이야기를 하였다. 낙마의 위기에서 오히려 대통령의 지지 의사를 확인함으로써 자신감을 더 갖게 된 것이었다. 이를 계기로 반기문은 한층 홀가분한 마음으로 선거활동을 할 수 있게 되었다.

국내 문제는 이렇게 정리되었지만 현실 상황은 결코 녹록치 않았다. 반기문보다 먼저 출마를 선언했던 외국의 경쟁자들이 성큼성큼 지지폭을 넓혀 나가고 있었다. 당시 반기문의 유력한 경쟁자는 수라끼앗 사티아라타이 태국 부총리, 인도 출신인 샤시 타루르 유엔 공보담당 사무차장, 스리랑카 출신인 자난타 다나팔라 전 유엔 사무차장, 자이드 알 후세인 주유엔 요르단 대사 등이었다.

이 중에서도 가장 강력한 경쟁자는 태국의 수라끼앗 부총리였다. 태국을 비롯 동남아 9개국이 회원으로 있는 동남아시아 국가연합이 공식적 또는 비공식적으로 수라끼앗을 지지하고 있었다. 동남아시아국가연합은 원래 어떤 사안에 공식적인 지지 천명을 잘 하지 않았는데, 이때만큼은 대놓고 태국의 수라끼앗을 지지했다. 이밖에 현직 유엔 사무차장직에 있던 인도인 샤시 타루르도 무시 못 할 경쟁자였다.

코피 아난 현 사무총장의 임기가 6개월 정도 남은 여름이 되면서 해외 언론들은 이들 간의 선두 다툼을 연일 기사로 내보내기 시작했다.

유엔헌장은 사무총장 선출과 관련해 "사무총장은 안보리의 건의에 따라 총회가 임명한다"라고만 규정하고 있다. 지금까지 총회가 안보리의 건의를 거부한 일이 없으므로 결국 5대 상임이사국, 특히 미국과 중국, 러시아와의 정치적 타협이 핵심이었다.

이런 상황에서 반기문은 먼저 5개 상임이사국 전체의 지지를 확보하기 위해 최선의 노력을 기울였다. 차선책으로는 미국, 영국, 프랑스, 러시아 4개국의 지지와 중국의 기권을 이끌어내야 한다고 보았다.

당시 우리는 상임이사국인 영국에 대해 확신이 서질 않았다. 하지만 미국과 중국은 우리를 절대 반대하지 않을 것이라고 믿었다. 중국은 그때 후임 사무총장은 아시아 출신이어야 한다고 주장함으로써 반기문에게 유리한 상황을 조성해주었다. 프랑스도 반기문이 불어를 잘한다며 좋아했고, 러시아의 분위기도 나쁘지 않았다. 상임이사국은 아니지만 일본도 아베 신조가 총리에 당선되면서 반기문 지지의사를 공개적으로 표명했다. 차기 유엔 안보리 의장국이 일본이기 때문에 이웃 나라 한국에서 사무총장이 선출되는 것을 나쁘지 않게 보았다.

또한 아프리카, 남미 등 비동맹국가들도 대체로 반기문을 지지했다. 일각에서는 반미 성향의 노무현 대통령 때문에 비동맹국가들이 한국에 호의를 보였다는 주장이 있었지만 그건 사실과 다르다. 한국은 그동안 비동맹국가들과 관계가 좋았다. 1970년대 중반까지는 한국보다 북한에 더 가까운 비동맹국가들이 많았지만, 우리의 경제력이 높아지면서 이들 국가들에 대한 꾸준한 경제 원조를 바탕으로 우호적인 유대관계를 지속하여왔다. 세계 10위권의 경제대국이 된 한국의 실질적인 파워가 기반이 된 것이다.

이런 상황에서 반기문은 유엔의 운영체제mangement 개혁을 공약으로 내세우면서 마지막 선거운동에 최선을 다했다.

마침내 7월에 안보리 1차 예비투표가 실시되었다. 결과는 기대 이상이었다.

반기문은 안보리 15개 이사국으로부터 찬성 12표, 반대 1표, 기권 2표를 받아 당당히 1위를 차지하였다. 2위는 유엔 사무처장인 인도의 샤시 타루르로 찬성 10표, 반대 2표, 기권 3표, 3위는 태국의 수라끼앗으로 찬성 7표, 반대 3표, 기권 5표, 4위는 스리랑카의 다나팔라로 찬성 5표, 반대 6표, 기권 4표였다.

기대 이상의 선전이었지만 아직도 변수는 많았다. 1차 예비투표는 골프에서 티샷을 하기 전에 바람의 방향을 알아보기 위해 잔디를 뜯어 날리는 것을 뜻하는 'straw'라는 단어를 써서

'맛보기 투표straw poll'라고 부르는 일종의 인기투표에 불과하다. 향후의 풍향을 알아보는 의미가 크지 이 투표만으로 대세를 확인할 수는 없다.

무엇보다 비밀투표라 확인할 수 없는 반대 1표가 어느 나라인지 불안했다. 만약 그 반대표가 거부권이 있는 상임이사국 중에서 나온 것이라면 선거는 해보나마나이다. 그 나라가 계속 반대를 한다면 나머지 14개국 전부에게 찬성표를 받는다 하더라도 당선은 불가능했다. 그럼에도 우리는 크게 들떴다. 1차 예비투표 1위라면 일단 유력주자로 올라선 것은 분명했다. 우리가 과연 해낼 수 있을까 했던 우려가 어쩌면 가능할지도 모른다는 희망으로 바뀐 순간이었다.

두 달 후인 9월 14일에 2차 예비투표가 실시되었다. 반기문은 이때도 14개국으로부터 찬성을 얻어 1위를 차지했다. 같은 달 28일의 3차 예비투표에서는 찬성 13표, 반대 1표, 기권 1표로 역시 1위가 되었다. 3연타석 1위, 이제는 대세가 기우는 것 같았다. 표정관리를 해야 하는 흥분된 상황이었다.

그런 중에 또 하나의 행운이 반기문을 도왔다.

유력주자의 한 사람인 수라끼앗이 부총리로 있는 태국에서 쿠데타가 발생한 것이다. 쿠데타 국가의 부총리가 사무총장으로 선출될 가능성은 낮기 때문에 우리에게는 신의 손길과도 같은 호재였다.

더욱이 태국의 쿠데타 세력이 수라끼얏을 계속 지지한다고 발표한 것도 우리에게는 오히려 득이 되었다. 그 바람에 동남아시아국가연합이 새로운 인물을 내세울 기회가 없어졌다. 만약 쿠데타 세력이 수라끼얏을 지지하지 않았더라면 동남아시아국가연합은 싱가포르의 고촉동 전 총리를 그의 의사와는 관계 없이 새 후보로 내세웠을 수도 있다. 그리되면 불리해질 수 있었는데 모든 상황이 반기문에게 유리하게 돌아갔다.

이 무렵에 또 안보리 상임이사국인 중국이 인도 후보를 반대하고 나섰다. 미국이 인도를 통해 아시아 지역에서 중국을 견제할 것이라는 시각 때문이었다. 그리고 스리랑카의 자얀타 다나팔라 후보는 코피 아난 사무총장처럼 유엔 내부 인사라는 점에서 불리했다. 당시 유엔 내부에는 관료주의에 대한 반감이 심했기 때문이다. 마지막으로 요르단 대사인 자이드 알 후세인 왕자는 젊은 데다 제3세계 문제에 균형감각을 가졌다는 평가를 받았지만 요르단이 친미국가라는 점에서 제3세계가 반대했다.

이렇듯 시간이 지날수록 모든 상황이 반기문에게 유리한 쪽으로 흘러갔다. 국제정치의 수많은 변수들이 반기문을 중심으로 정리되어간 것은 실로 하늘의 뜻이라 할 만하다. 유엔 사무총장 정도 되는 자리는 개인의 능력이나 소속 국가의 외교력만으로 되지 않는다. 예측과 타협이 무색한 돌발 상황이 언제라도 발생할 수 있다. 그 점에서 당시의 상황 전개는 반기문 개인의 어떤 천운이 작용했다는 생각도 든다.

10월 2일, 마지막 4차 예비투표가 실시되었다. 전 세계가 이 투표를 주목했다. 이 투표에서 반기문은 기권 1표에 반대는 없이 총 14개국의 찬성표를 얻었다.

사무총장이 되려면 유엔 안전보장이사회 15개 이사국 중 5개 상임이사국을 포함해 9개국 이상의 지지가 필요하다. 그런데 반기문은 후보 6명을 놓고 처음으로 투표용지를 달리해 5개 상임이사국은 파랑, 10개 비상임이사국은 흰색 투표용지를 각각 사용한 이 4차 투표에서 기권 1표를 제외한 모든 이사국의 지지를 받았다. 사실상 만장일치였다.

지난 3차례 투표에서도 내리 1등이었지만 반대 1표가 따라다니는 바람에 신경이 쓰였던 불확실성이 이로써 깨끗이 정리되었다. 사무총장 후보 중에 거부권을 가진 상임이사국의 반대가 전혀 없는 사람은 반기문이 유일했다. 차점자인 인도의 샤시 타투르 후보는 반대표에 상임이사국이 포함되자 전격 사퇴하고 반기문 지지를 선언했다. 최초의 한국인 유엔 사무총장 탄생이 9부 능선을 넘고 있었다.

'상임이사국 5개국 전체, 비상임이사국 10개국 중 9개국의 찬성 및 1개국 기권'

4차 예비투표의 결과가 외신을 통해 태평양 건너편으로 전달되자, 결과를 고대하고 있던 외교부와 유엔대표부 직원들은

유엔 사무총장 당선 후 귀국하는 반 총장을 위해 한화 김승연 회장이 주최한
축하연. 한국인 최초의 유엔 사무총장이 탄생하였다. 유엔 가입 16년, 건국
60년 만에 이룬 대한민국 외교사의 쾌거였다.

탄성을 질렀다. 기적이 눈앞에 오고 있었다.

4차 예비투표 후 영국의 〈이코노미스트The Economist〉는 "한국의 조용하고도 신중한 선거 전략이 돋보였다"고 평가했다. 유엔 유럽본부 기자실에서도 이날 오전부터 각국 기자들이 반기문의 유엔 총장 확정 가능성을 기정사실화하면서 반기문의 성품과 종교, 외교관으로서의 자질 등을 캐묻는 등 깊은 관심을 보였다.

일각에서는 그가 차기 사무총장으로 내정되었다는 표현까지 사용했다. 로이터통신은 반기문이 "차기 유엔 지도자로 비공식 선택됐다"고 긴급 타전했고, AP는 반기문이 선두 주자의 입지를 '굳혔다cemented'고 평가한 뒤 안보리의 공식 투표일이 9일로 잡힌 것에 대하여 "반기문이 거의 확실히 후보로 선출되었음을 분명히 보여주는 것"으로 풀이했다.

존 볼턴 유엔 주재 미국 대사는 "이번 결과를 매우 기쁘게 생각한다"고 말했고, 왕광야 중국 대사는 "오늘 투표 결과는 분명하다"고 진단했다. 일본도 투표 결과를 환영하는 등 온통 지지 일색이었다.

그리고 2주가 지났다. 2006년 10월 12일, 주유엔 바레인 대사인 라세드 알 할리파 총회 의장의 주재로 유엔총회가 열렸다. 이 자리에서 의장은 먼저 지난 예비투표의 결과를 보고했다. 그리고 관례에 따라 표결 없이 반기문을 제8대 유엔 사무

총장에 선임할 것을 요청했다. 192개 회원국 대표들은 갈채로
이에 화답했다.

마침내 한국인 최초의 유엔 사무총장이 탄생하였다. 유엔
가입 16년, 건국 60년 만에 이룬 대한민국 외교사의 쾌거였다.

# 여전히 '뜨거운 감자'인
# 쌀 시장 개방

:

쌀 시장 개방 문제가 올해 2014년 다시 뜨거운 이슈로 떠올랐다. 우루과이 라운드 협상 이후 10년씩 두 번이나 유예되었던 쌀 관세화(수입 장벽 철폐)가 올해로 끝나기 때문이다. 세계무역기구WTO; World Trade Organization 159개 회원국 가운데 쌀 시장을 개방하지 않고 있는 나라는 현재 우리나라와 필리핀밖에 없다

정부는 세계무역기구와의 협정에 따라 지난 9월 말까지 쌀 시장 개방 여부를 결정했는데, 농민단체의 거센 반발 속에 지난 7월 18일 마침내 쌀 시장을 개방하겠다고 발표했다. 다시 유예조치를 받으려면 의무적으로 수입해야 할 물량이 두 배

이상 늘어나게 되기 때문에 차라리 고율의 관세를 붙여 수입을 개방하는 것이 낫다고 판단한 것이다.

쌀 재배 농가 등 농민단체들은 "식량 주권이 달린 문제"라며 수입 개방에 크게 반발하고 있지만, 정부가 공청회까지 거친 후 최종 결정한 것이기에 별다른 변수가 없는 한 내년 1월 1일부터는 쌀 수입이 자유화될 것 같다. 그러나 농민단체는 국내 쌀 생산 기반이 붕괴될 것이라며 무슨 일이 있어도 개방을 막겠다고 투쟁의지를 불사르고 있다.

현재 벌어지는 양상이 쌀 시장 문제가 최초 제기된 20년 전과 크게 다르지 않은 것을 보면서 한때 이 문제와 관련해 나라의 '역적'이라는 말까지 들었던 나로서는 여러 가지로 묘한 감회를 느낀다.

우루과이 라운드 협상이 시작되던 1990년대 초에 나는 제네바 대사로서 이 협상에서 우리나라 대표를 맡고 있었다. 외교관으로서 지난 40여 년 동안 중요한 협상을 많이 치렀지만 이 문제만큼 나를 힘들고 곤혹스럽게 한 일도 없다.

1986년 9월 남미의 우루과이에서 'GATT(관세 및 무역에 관한 일반협정)'를 재논의하기 위한 다자간 무역협상이 시작되었다. 제2차 석유파동을 겪으면서 세계경기가 장기간 침체를 보이고 나라마다 보호무역주의를 강화하자 이를 규제할 새로운 국제 규범을 만들고자 마련된 회의였다. 이 회의가 바로 '우루과이 라운드'이다.

1987년 2월 스위스 제네바에서 본격적으로 시작된 이 협상에서는 농산물 분야와 서비스 부문, 지적 소유권에 관한 교역 문제가 주로 논의되었다.

당시 우리나라를 비롯해 홍콩, 싱가포르, 말레이시아 등 신흥 공업국들은 선진국들이 자신들의 보호조치는 유지하면서 농산물과 서비스 등 새로운 분야의 자유화를 추진하는 데에 반발하였다. 그러나 미국과 EC 등 선진국들이 이미 합의했고 자유무역이 세계적인 추세로 떠오름에 따라 이를 인정하고 새로운 라운드의 출범에 참여하였다.

그런데 이 회의에서 '예외 없는 관세화'라는 초안이 나오면서 각국의 입장이 크게 요동치기 시작했다. 농업협상 그룹의 의장 이름으로 발표된 이 안의 골자는 모든 수입 제한 품목의 자유화, 농업보조금 폐지, 이중곡가제 폐지, 영농자금 융자 중단, 수출보조금 철폐 등이었다.

이전에는 세계무역에서 수입 제한 등 비관세 장벽들이 많았다. 우리나라의 경우 특히 쌀 문제만큼은 국내 농업을 보호하기 위해 수입을 엄격히 제한하고 있었다. 그런데 이 협정이 타결되면 일정한 관세를 지불하는 한 누구나 정부의 허가 없이 농산물을 수입할 수 있게 되어 국내 농가에 큰 위협이 될 상황이었다.

2 장 / 한국 외교사의 사건 사고들·그 중심에 서다

정부는 국제경쟁력이 취약한 국내 농업의 특수성과 식량 안
보라는 면에서 이 안을 받아들일 수 없다고 공식적인 의견을
냈다. 그리고 우리와 입장이 비슷한 일본, 스위스 등과 공동대
처해 나가기로 결정했다. 하지만 미국 등 주요 선진국들은 전
면적인 자유무역을 내세우며 쌀 시장을 개방하라고 우리를 압
박해왔다.

이런 와중에 국내에서는 쌀 수입은 무조건 안 된다는 국민
적 공감대를 바탕으로 정부의 의지를 촉구하는 의견들이 거세
졌다. 정부에서 조금이라도 불투명한 발언이 나오면 농민단체
를 필두로 야당과 각종 시민단체에서 벌집 쑤신 듯 들고 일어
나는 일이 연일 계속되었다. 쌀 수출입 문제가 국내는 물론 세
계 무역시장에서 핵심 쟁점으로 부각되었던 것이다.

당시 협상이 벌어지던 제네바는 치열한 전쟁터를 방불케 했
다. 매일 열리는 7개 협상 분야 회의는 물론 하루에도 수십, 수
백 명의 외교관과 로비스트들이 GATT 사무국과 주요국 공관
을 오가며 자국의 이익을 보호하기 위해 동분서주하고 있었다.

한 야당 국회의원은 제네바까지 날아와 삭발과 단식을 하며
쌀 시장 개방 반대를 외쳤다. 이 국회의원은 성격이 어찌나 불
같은지 GATT의 둔켈 사무총장과 언쟁하던 중 거의 멱살잡이
수준까지 갈 뻔해서 나를 당황하게 했다.

현지에서 협상에 참여하고 있던 내 판단으로는 쌀 시장을

완전히 닫는 것은 불가능해 보였다. 한창 신흥공업국으로 부상하며 전 세계를 상대로 공산품의 수출을 늘려가고 있던 우리 입장에서 쌀 시장에 대해서만 개방 불가를 주장하기가 쉽지 않았다.

그러나 정부 정책과 국내 분위기를 생각하면 우리 협상단이 할 일은 하나뿐이었다. 협상단은 쌀 시장에 대한 우리 입장이 인정되면 다른 농산물에 대해서는 최소 시장을 허용하고 나머지 6개 협상 분야에서도 대폭 양보하겠다는 전략으로 GATT의 둔켈 사무총장을 비롯해 각국 대표단들과 연쇄회담을 벌였다.

계속되는 협상에도 불구하고 각국의 의견은 좀처럼 좁혀지지 않았다. 오히려 한국만 예외를 허용할 수 없다면서 우리에 대해 'GATT 협정의 방해자'라는 거친 말까지 공공연히 해대고는 했다.

그런 와중에 나는 해외공관장 회의에 참석하러 국내로 잠시 귀국하였다. 그리고 한 신문과의 인터뷰에서 협상 과정을 설명하던 중 다음과 같은 말을 하였다.

"일본이 최소한도라도 쌀 시장을 개방하면 우리도 시장을 열 수밖에 없으며, 그 경우 우선 3~5%만 시장을 연 뒤 연차적으로 확대해나가야 되지 않을까 생각합니다."

이 발언이 큰 파문을 일으켰다. 국내 일부 언론은 "쌀 시장 개방은 이미 확정되었고, 국민이 받을 충격을 줄이기 위해 고

의적으로 언론에 흘리고 있다"는 식의 기사를 내보냈다. 이 때문에 내가 치른 곤욕은 이루 말할 수가 없다. 쌀 시장을 이미 내주고 협상하는 시늉만 하고 있다면서 언론의 노골적인 비난이 쏟아졌다.

국회 농수산위원회에서는 당장 협상 대표를 바꾸고 나를 송환해야 된다는 말도 나왔다. 집안에 일이 생겨 잠시 고향에 내려가 있는 중에도 기자들의 문의가 빗발쳤고, 경기원 최각규 부총리까지 나에게 직접 전화를 걸어 "문제를 일으켜놓고 대구에서 한가롭게 뭐하느냐?"며 호통을 쳤다.

제네바로 돌아오니 타국의 대사들도 내가 겪은 일을 자세히 알고 있었다. 어떤 대사는 나에게 이런 씁쓸한 농담을 건네기도 했다.

"미국에서는 유명한 여배우인 도나 라이스가 민주당의 가장 유력한 대통령 후보인 게리 하트Gary Hart를 말아먹더니 한국에서는 코리안 라이스가 박 대사를 망치는군요."

1980년대 후반에 미국에서 상원의원 출신의 후보인 게리 하트가 도나 라이스라는 여배우와 몽키비즈니스라는 요트에서 밀회를 즐긴 것이 폭로되어 낙마한 정치스캔들이 있었는데, 그 여배우 이름이 쌀rice과 발음이 같은 것을 빗대 우스갯말을 던진 것이다.

6년을 끌어온 우루과이 라운드가 막판 협상에 이를 때쯤 나는 다시 귀국을 했다. 당시 대통령에 취임한 김영삼 대통령에게 협상 진행사항을 보고하기 위해서였다. 나는 새 대통령이 현실을 직시해야 된다는 생각에 작심하고 내 견해를 밝혔다.

"우리나라가 세계 각지로 선박, 자동차, 전자제품 등을 수출하고 있으면서 쌀 시장 개방만 무조건 반대해서는 협상이 어렵습니다. 우리와 같은 입장인 나라가 얼마 안 되기 때문에 자칫 국제적으로 고립될 수 있습니다. 따라서 다소 신축성을 갖고 협상에 임해야 할 필요가 있습니다"라는 의견을 진솔하게 말했다.

10여 분에 걸친 내 말을 김 대통령은 진지하게 경청했다. 수긍한다는 듯 한두 번 고개를 끄덕이기도 했다. 나로서는 그동안의 남모를 고충이 조금이나마 해소되는 기분이었다.

그렇게 대통령과 면담을 마치고 방을 나왔을 때였다. 밖에서 기다리던 기자들이 우르르 몰려와 김 대통령에게 쌀 시장 개방 문제를 물었다. 그러자 김 대통령은 단호한 목소리로 말했다.

"대통령직을 걸고 약속하는데, 쌀 시장 개방만큼은 무슨 일이 있어도 막을 겁니다."

나는 허탈한 기분으로 물끄러미 대통령을 바라보았다. 정치라는 게 무엇인지 새삼 느낄 수 있었다.

나중에 우루과이 라운드가 타결되고 난 후 김 대통령은 자신의 이 말에 대해 국민에게 사과했다. 또 황인성 국무총리, 김

양배 농림수산부장관도 쌀 개방을 막지 못한 책임을 지고 경질되었다.

하지만 지금 돌아보아도 우리에게 우루과이 라운드는 실패한 협상이 아니었다. 호언장담했던 김 대통령이 사과를 하며 물러설 만큼 당시 쌀 시장 개방 문제는 우리의 입장만 관철하기에는 여러모로 어려움이 많았다.

그리고 결과 자체도 우리나라에 크게 불리한 것은 아니었다. 우리나라는 필리핀과 더불어 유일하게 쌀의 관세화를 10년간 유예받았고, 10년이 지난 2004년에는 다시 또 10년을 유예받아 오늘에 이르렀다. 결국 한국의 쌀시장은 금년 7월 400%의 관세율로 개방되었다.

다만 아쉬운 것은 관세화가 유예된 그때 바로 장기적인 대책을 수립하지 못한 점이다. 우리 농가를 지키면서도 세계화 시대에 걸맞은 농업 정책을 그때 제대로 세웠다면 보다 당당하고도 홀가분하게 고율관세를 통한 쌀 시장 개방을 더 빨리 할 수 있었을 것이다.

# 우루과이 라운드 협상

세계무역기구가 생기기 전까지 국제무역의 질서는 GATT에 의해 주도되었다. GATT는 제네바에서 협정이 시작되어 일명 '제네바 관세협정'이라고도 불렸는데, 무역자유화를 촉진하여 세계 경제를 확대시킬 것을 목적으로 1948년 1월에 미국 등 선진 23개국에 의하여 발효되었다.

이 GATT의 제8차 다자간 협상이 우루과이 라운드이다. '라운드'는 다자간 협상을 뜻하는 말로서 그 전까지 총 7차례의 라운드가 있었는데, 8차 협정인 이 우루과이 라운드에서는 그동안 GATT 체제 밖에 있었던 농산물과 섬유류를 비롯해 서비스, 무역 관련 투자조치, 지적재산권에 관한 의제가 처음으로 협상의제로 채택되었다.

우루과이 라운드는 1986년 9월 우루과이의 푼타 델 에스테에서 최초 협상이 시작되어 장장 8년간 몬트리올, 제네바, 브뤼셀, 워싱턴, 도쿄에서의 협상을 거쳐 1994년 4월에 마침내 모로코의 마라케시에서 세계무역기구 설립과 정부조달협정 등을 포함한 마라케시 합의문을 채택하면서 마감하게 된다.

우루과이 라운드가 이처럼 장기간에 걸쳐 진행된 것은 '예외 없는 관세화 조치'에 대하여 각국의 이해관계가 팽팽히 대립되었기 때문이다. 한국의 경우는 그동안 신흥공업국으로 공산품 수출에 역점을 두고 있었으므로 무역장벽의 철폐가 제조업 제품 수출에 전반적으로 긍정적인 역할을 할 것으로 기대했지만, 쌀을 비롯한 농산물시장 개방에 반대 입장을 취하면서 미국과 유럽 등 협상주도국들과 심한 마찰을 빚었다. 이 문제로 국내 농가는 격렬한 시위를 계속하면서 정치권을 압박하였고, 김영삼 대통령 등 당시 정치 지도자들은 하나같이 쌀 시장 개방만은 절대 허용하지 않겠다고 약속하였다.

그러나 1990년 7월 미국의 입장을 주로 반영한 초안이 의장 직권으로 제출되었고, 이듬해 1991년에는 G7(선진7개국) 정상들이 모든 수입 제한 품목의 자유화, 농업보조금 폐지, 이중곡가제 폐지, 영농자금 융자 중단, 수출보조금 철폐 등에 합의하였다.

이후 농업의 국내보조 및 시장접근 부분 등에 관한 협상에서 협상 당사국 사이에 감축목표 및 감축기간, 관세화 대상품목 등을 놓고 좀처럼 합의가 이루어지지 못하다가 결국 미국과 EC 간의 협상을 통해 1992년 11월 타결을 보기에 이르렀다.

이 우루과이 라운드를 통해 그 이전 GATT 체제에서는 다루지 않았던 새로운 서비스무역을 비롯하여 지적재산권 보호, 무역 관련 투자 분야에 다자간 국제무역 규범이 도입되었다. 또한 농산물 예외 규정, 다자간 섬유 협정, 국제 수지 목적의 수입 제한 등 그동안의 수입 장벽들이 철폐되거나 제한되어 다자간 자유무역이 크게 강화되었다. 그리고 GATT를 대신하는 세계무역기구가 만들어지면서 국제무역에 새 질서가 자리 잡게 되었다.

# DIPLOMATIC HISTORY OF KOREA

## 3장

## 휴전이 없는
## 북한과의 외교전

# 국력만 낭비했던
# 1970년대의 치열한 남북 대결

나이가 50대 이상 되는 사람들은 1960~70년대에 외국 대통령이 방한할 때마다 시민들이 거리를 가득 메운 채 태극기와 방한국의 국기를 흔들던 장면을 기억할 것이다. 강대국의 대통령이라서 그랬던 게 아니다. 이름도 잘 들어보지 못한 작은 나라의 정상이 찾아와도 어김없이 카퍼레이드를 벌였다.

그뿐인가. 1975년도에 아프리카 가봉 대통령이 방한했을 때는 기념우표와 기념담배까지 제작하였다. 그리고 신문과 방송에서는 연일 그의 방한 일정을 톱뉴스로 다루었다. 인구가 몇십 만밖에 안 되는 작은 나라의 대통령을 그처럼 범국민적으로 환대했다는 게 요즘 시각으로는 아주 의아할 것이다.

지금은 어떤 나라의 정상이 찾아와도 예전처럼 하지 않는다. 한 나라의 통치자인 만큼 의전은 최대한 정중하게 하겠지만 학생과 시민들을 동원해 거리에 세우지는 않는다.

그렇다면 전에는 왜 그랬을까? 그것은 세계를 상대로 남북이 벌이던 치열한 외교전의 하나였다.

6·25 전쟁이 휴전으로 끝난 1953년 7월부터 남북은 각기 자신의 정통성을 세계에 알리기 위하여 모든 외교적 노력을 기울이게 된다. 그 시기에는 유엔 한국통일부흥위원단UNCURK의 연례보고서가 매년 자동적으로 차기 총회 의제에 포함되게 되어 있어 유엔총회에서 남북문제가 매년 토의되었다.

그러다 보니 남북은 해마다 자기들의 주장을 세계에 알리기 위한 결의안 채택에 온 힘을 쏟았다. 당시 우리를 지지하는 서방측 결의안은 유엔 감시 하에 인구비례에 의한 남북한 총선거를 실시하자는 것이었고, 이에 맞서 공산권은 주한미군철수 및 유엔한국위원단 해체, 유엔군사령부 해체 등을 주장했다.

당시 한국을 지지하던 미국, 영국, 네덜란드 등 서방 핵심국가들의 모임은 코어 그룹Core Group이라고 불렸는데, 이 그룹이 한국을 지지하는 서방측 결의의 중추 역할을 했다.

남북이 각자 국가의 기틀을 잡아가고 휴전선이 국경선처럼 굳어지면서 이런 결의안들은 차츰 실효성 없이 그저 상대를 공격하는 정치공세의 의미만 남았다. 그럼에도 상대에게 밀릴 수는 없어 결의안 상정은 습관처럼 매년 반복되었고, 남북은 이렇다 할 소득도 없는 힘의 낭비를 계속하였다.

1960년대 이후 신생독립국들이 대거 탄생하고, 이들이 모두 유엔의 회원국이 되면서 남북의 외교전은 더욱 치열해졌다. 신생국들을 자기편으로 끌어들이기 위해 온갖 노력을 다 하게 된 것이다. 그러다 보면 약소국의 설움을 느끼게 되는 구차한 경우도 참 많았다.

당시는 남북한 모두 유엔에 가입되어 있지 않아 안건을 상정할 자격조차 없었다. 따라서 총회에 결의안을 상정하려면 다른 회원국에 부탁해야만 했고, 아쉬운 입장이다 보니 밥도 사고 선물공세도 펼쳐야만 했다. 어렵게 벌어들인 외화를 소득도 없는 결의안 대결에 매년 쏟아 부었던 것이다.

동서냉전이 한창이던 1970년대에 이런 대결은 극에 달했다. 표현이 좀 그렇지만 정말이지 '골병 들게' 싸웠다는 게 정확한 표현일 것이다. 당시 한국은 23개국에 달하는 아프리카 수교국들에게 매년 10만 달러 이상의 돈을 무상지원했고, 북한도 그에 못지않게 쏟아 부으며 비동맹국가들의 지지를 얻는 데에 사력을 다했다.

죽어나는 건 현지의 외교관들이었다. 결의안 하나를 상정할 때마다 지지하는 나라를 하나라도 더 늘리기 위해 온갖 방법으로 로비를 해야 했다. 그러다가 우호적이라고 보고를 올렸던 나라에서 표가 안 나오기라도 하면 상부로부터 엄한 질책을 들었다. 그래서 결의안 상정이 다가오면 유엔 대표부의 모든 직원이 초긴장 상태에 들어갔다.

그렇게 해서 무사히 결의안이 통과된다고 해봐야 연례행사 하나가 끝난 것일 뿐 실질적인 소득은 없었다. 그럼에도 다음 해가 되면 어김없이 결의안 대결이 시작되었다. 매년 이런 대결이 계속되면서 남북이 서로 지치는 건 물론 동족 간의 볼썽사나운 극한 대결로 다른 나라들도 피로감을 느꼈고 그들의 웃음거리가 되었다.

1975년의 제30차 유엔총회는 이런 대결이 얼마나 무의미한 일인가를 증명하는 어처구니없는 결과를 보여주었다. 우리가 포함된 서방측에서는 남북대화 촉구와 항구적 평화보장을 위한 협상개시 등을 촉구하는 결의안을 올렸고, 공산권에서는 유엔군사령부 해체, 미군 철수 등을 촉구하는 결의안을 상정했는데, 이 상반된 결의가 동시에 채택되었던 것이다. 이는 유엔 역할의 한계를 여실히 증명한 웃지 못할 자가당착이었다.

당시 유엔에 참사관으로 근무했던 나와 동료 외교관들(이시영, 장선섭, 이경빈, 장만순)은 모두 이 상황에 대해 유엔이 희화화되었다고 개탄하였다.

어느 쪽에서든 이런 악순환의 고리를 끊어야만 했다. 그 일을 해낸 사람이 박동진 전 외무부장관이다. 부질없는 일이라는 것을 모두 느끼면서도 이것을 먼저 그만두는 건 마치 고양이 목에 방울 달기 같아서 누구도 감히 제안할 수 없었는데 박정희 대통령으로부터 큰 신임을 받고 있던 박 전 장관이 이 문제를 제기했다.

1975년에 외무부장관에 임명된 박 전 장관은 남북 간 결의안 대결이 소모적인 국력 낭비일 뿐이라며 대통령을 설득했고, 그간의 상황을 충분히 알고 있던 박정희 대통령이 이를 받아들였다. 그래서 이듬해 1976년에는 우리 쪽에서 어떤 결의안도 상정하지 않았다. 그러자 북한도 결의안 상정을 그만두었다. 서로 지칠 만큼 지쳐 있었던 것이다.

지금 돌아보면 유엔에서 해마다 반복되던 남북의 결의안 상정은 아이들의 땅따먹기 놀이 같은 우스운 대결이었다. 하지만 당시 사정은 그럴 수밖에 없었다. 어떻게든 북한을 누르며 국제사회에서 한국의 정통성을 인정받아야만 했던 것이 당시 우리나라 외교의 최우선 과제였다.

우리가 이름도 잘 모르던 아프리카의 신생독립국 정상들을 정중히 초청하곤 했던 것이 그 때문이었다. 인구가 몇만 명에 불과한 나라들도 유엔총회에서는 당당히 한 표의 권리를 행사하기 때문이다. 그 중에서도 가봉 같은 경우는 비동맹국가 중 특별히 우리나라에 우호적이어서 그와 같은 환대를 받을 수 있었다.

가봉은 북한과의 수교(1974년)보다 훨씬 앞선 1962년에 한국과 먼저 수교하였고, 1975년에는 한국에 가봉 공관을 설치한 데 이어 오마르 봉고 대통령이 방한도 하였다.

박정희 대통령은 이때 환영사를 통해 "봉고 대통령은 한국의 입장을 지원하는 진정한 벗"이라고 고마움을 표했고, 정상회담 후 봉고 대통령은 "한반도의 안정과 평화는 국제평화에 직결되기에 가봉 정부는 유엔에서 한국을 전폭적으로 지지할 것"이라는 공동성명으로 우리의 환대에 화답했다. 이로써 우리는 중립을 표방하거나 공산권에 가깝던 당시 비동맹국가 진영에 교두보를 더욱 많이 구축하면서 결과적으로 북한으로 하여금 유엔에서의 남북한 대결에 종지부를 찍도록 유도하였다.

1975년 가봉공화국 엘 하지 오마르 봉고 대통령 방한 기념 우표. 우리가 이름도 잘 모르던 아프리카의 신생독립국 정상들을 정중히 초청하곤 했던 것은 인구가 몇만 명에 불과한 나라들도 유엔총회에서는 당당히 한 표의 권리를 행사하기 때문이다. 국제사회에서 한국의 정통성을 인정받는 것이 외교의 최대 목표였던 그때 가봉은 비동맹국가 중 유일하게 우리나라에 우호적이었기 때문에 환대를 받을 수 있었다.

DIPLOMATIC
HISTORY OF
KOREA

# 휴전 이후 최초의
# 일가족 탈북 사건

한때 "따뜻한 남쪽나라"라는 말이 유행했다. 어느덧 30년이 훌쩍 지났으니 요즘 젊은이들은 이 말이 나오게 된 사건을 잘 모를 것 같다. 어찌 보면 평범한 말이어서 유행가 가사라고 생각할지도 모르겠다.

1987년 1월 20일, 일본 후쿠이현 해안에 국적 불명의 어선 한 척이 표류 상태로 떠밀려왔다. 일본의 해상보안청 순시선에 의해 발견된 이 배에는 11세에서 68세까지의 일가족 11명이 타고 있었다. 휴전선이 만들어진 후 최초의 일가족 집단 탈북이어서 당시 온 국민과 국내 언론의 비상한 관심을 모았던 사건이었다.

일본은 재일교포 한 사람에게 통역을 부탁해 이들을 취조했는데 그때 나온 말이 "따뜻한 남쪽나라로 가고 싶다"였다. 탈북을 주도한 북한의 의사 출신 김만철이 망명의사를 밝히며 한 말이다. 김만철은 장모와 처남까지 포함한 11명의 대가족을 이끌고 닷새 전에 청진항을 출발했으나 기관 고장으로 표류하다가 일본 해안에 도착한 것이었다.

이들이 북한을 탈출한 사람들이라는 것이 밝혀지자 일본은 우리나라 정부에 이들 일가가 한국으로 망명하고 싶은지 확인해보라고 요청해왔다. 김만철이 "따뜻한 남쪽나라"라고만 말하고 있을 뿐 남한이나 다른 특정 국가를 언급한 건 아니었기 때문이다.

일본의 연락을 받은 우리 정부는 긴장했다. 간간히 탈북자(당시에는 '귀순자'라고 불렀다)가 남한으로 넘어오긴 했지만 일가족이 집단으로 탈출한 건 처음이었다. 그때까지의 일반적 탈북자들과 달리 의사라는 엘리트 직업이고 일가족 모두가 내려왔다는 것, 게다가 배를 이용해 탈출하다 표류했다는 것 등 사건 전체가 드라마틱했다.

긴장하기는 일본도 마찬가지였다. 일본은 그 얼마 전에 자국의 어선 한 척이 불법 어로 혐의로 북한에 나포되어 있어 신경이 곤두서 있는 상황이었다. 때문에 김만철 일가 문제로 북한과 마찰을 빚을 경우 나포되어 있는 선원들의 안전에 문제가 생길 것을 우려하고 있었다. 그도 그럴 것이 처음에 통역을 맡았던 재일동포가 조총련계 사람이어서 북한은 이 사건을 처음부터 인지하고 있었던 것이다.

대한민국 정부는 즉각 주일대사관에 특명을 내려 김만철 일가를 면담하도록 했다. 당시 우리 외무부가 이규호 주일 대사에게 보낸 훈령에는 "한국으로 망명의사가 있는 경우 결코 북한으로 송환되도록 해서는 안 되며 반드시 한국으로 데리고 와야 한다"는 내용이 들어 있었다.

대사관에서는 일본 정부에 이들의 한국 망명을 공식적으로 요청하며 송환 교섭을 시작했다. 대사관 전 직원이 이 문제에 집중하는 가운데 외무부의 대표적 일본통인 주일대사관 이재춘 정무참사관이(후일 주러시아 대사) 교섭의 실무책임자로 나섰다. 게다가 전두환 대통령이 직접 일본의 나카소네 총리에게 친서를 보내 이들의 한국 송환에 협조해줄 것을 요청하기까지 했다.

나는 이재춘 참사관이 이 사건으로 서울을 방문하였을 때 그의 보고를 직접 듣기 위하여 당시 안기부장이었던 장세동 씨가 주관하는 모임에 외교부 정무차관보로서 참석하였다.

김만철 일가 탈북 사건은 이렇듯 시작부터 한국, 일본, 북한이 주당사자인 국제외교전이 되었다. 남북관계에 예민한 미국

역시 이 사건을 주시하며 위성을 통해 북한의 움직임을 파악하고 있던 것으로 알려졌다.

이런 가운데 주나고야 총영사였던 김창석이 김만철 일가를 만나 한국으로 망명할 의사가 있는지 확인하였다. 알고 보니 그들이 말한 따뜻한 남쪽나라는 딱히 남한을 지칭한 것은 아니고 자유롭고 안전한 지역에 대한 은유인 듯했다. 우리 측이 한국행을 권유하자 처음에는 가족들의 생각이 저마다 달랐다. 그러나 한국의 발전상을 알게 되면서 차츰 한국행으로 의견이 모아지기 시작했다. 김창석 총영사는 이들 일가에게 비디오 등을 보여주면서 한국의 발전상을 자세히 알려주었다.

이때 일본은 남북의 눈치를 보며 갈등하다가 우리 정부에 묘안 하나를 제안했다. 김만철 일가를 불법 입국 혐의로 공해상으로 추방할 테니 한국이 제주해협 근처에서 대기하고 있다가 인도해가라는 이야기였다. 북한을 자극하지 않기 위해 일본이 한 발을 빼며 우리에게 공을 넘기려는 것이었다.

우리 정부는 이 제안을 받아들여 한일 인접 수역인 제주해협에 배를 대기시켰다. 그런데 일본이 태도를 갑자기 바꾸었다. 이재춘 참사관을 외무성으로 불러들인 일본 외무성의 아시아국장은 "청진호가 너무 낡고 엔진도 못 쓰게 되어 더 이상 항해를 계속할 수 없게 됐다"는 궁색한 이유를 대며 김만철 일가의 추방 계획 백지화를 통보했다.

이재춘 참사관이 거세게 항의했지만 일본은 미안하다고만 할 뿐 입장을 바꾸지 않았다. 북한이 나포되어 있는 일본 선원들을 인질 삼아 협박하고 있다는 게 우리의 추측이었다.

그 얼마 후 미국의 CIC(방첩부대)가 한국 정부에 중요한 정보 하나를 알려왔다. 북한 함정이 공해에 대기 중이어서 자칫 제주해협에서 남북 해군 간에 충돌 가능성이 있다는 것이었다. 일본의 태도 변화가 없었다 하더라도 이 계획은 실현되기 어려운 상황이었던 것이다.

그리하여 한일 간 협상이 다시 시작되었고, 얼마 후 새로운 묘안이 나왔다. 일본이 김만철 일가를 대만으로 보내면 우리가 그곳에서 김 씨 일가를 인수한다는 방식이었다. 다급히 대만 외무부와 교섭을 시작했다. 처음엔 대만도 난색을 표했지만 우여곡절 끝에 합의가 되어 김만철 일가는 대만으로 보내졌다.

김 씨 일가의 이송작전은 007작전처럼 신속하고도 극비로 이루어졌다. 2월 7일 밤 11시께 일본 자위대의 공군기가 김 씨 일가를 태우고 이륙해 이튿날 새벽 타이베이의 국제공항에 도착했다.

당시 외무차관보로 있던 나는 김 씨 일가의 송환 책임자가 되어 대만으로 급파되었다. 그들을 데려오는 것만큼 중요한 게 보안유지였다. 내외신 기자 모두가 촉각을 곤두세운 채 진행 상황을 주시하고 있던 때라 나는 외무부 직원들에게조차 과로로 병원에 입원한다고 연막을 치고는 대만으로 날아갔다.

나는 백범 선생의 손자로 대만 대사를 지낸 적 있는 김신 대사와 함께 송환 책임자로 동행하였고, 안기부의 정주영 국장과 그 얼마 전에 비행기를 몰고 귀순한 이웅평 소령도 김 씨 일가를 설득하기 위해 합류했다. 김신 대사와 나는 대만에 도착하자마자 장경국 총통과 외무장관을 만나 김만철 일가의 한국 송환 문제를 협의하였다.

내가 김만철 일가를 처음 본 것은 타이베이 교외에 있는 특수기관 전용의 초대소에서였다. 큰 키에 똑똑해 보이는 김만철 씨는 불안해하면서도 시종 침착한 모습을 보였다. 11명이나 되는 일가를 데리고 극적인 탈북을 시도할 만큼의 카리스마도 언뜻언뜻 느낄 수 있었다.

우리가 대만에 머무른 것은 만 하루가 채 되지 않았다. 우리는 김 씨 일가가 대만에 도착한 다음 날 저녁에 바로 그들 11명과 함께 대한항공 특별기에 올랐다. 그리고 2시간 뒤 한국에 도착했다. 김 씨 일가가 일본을 떠난 후 이틀밖에 걸리지 않은 그야말로 전광석화 같은 작전이었다.

귀국과 동시에 국내 신문은 온통 김 씨 일가에 대한 기사로 도배되었다. 이들이 일본 해안에 최초 표류되었을 때부터 송환되기까지의 과정이 첩보드라마처럼 세밀하게 재구성되어 기사로 나왔는데, 이때 신문마다 빠지지 않은 문구가 '외교 3총사'라는 말이었다.

　김 씨 일가를 최초 면담한 외무부 김태지 기획관리실장, 한국으로의 망명을 설득하는 데에 큰 기여를 한 김창석 나고야 총영사, 그리고 이들 일가의 국내 송환에 동행한 나 세 사람을 가리키는 말이었다.

# 김만철 일가 탈북

　　이 사건은 휴전 이후 최초로 장모, 처남, 처제까지 포함된 일가족이 집단으로 탈북했다는 점에서 국내는 물론 세계적인 관심을 받았다. 1987년 1월 15일 새벽에 북한의 청진의과대학 병원에서 의사로 일하던 김만철(金萬鐵) 일가 11명이 청진항에서 50톤급 청진호를 타고 북한을 탈출했다. 청진호는 엔진 고장으로 표류하다가 1월 20일 일본 후쿠이현 외항에 도착해 일본 해상보안청에 예인되었는데, 이때부터 사건 당사국인 남북한을 비롯해 일본, 대만, 미국 등이 개입되는 국제외교전이 되었다.

　　김만철 일가는 입국 경위를 조사하는 과정에서 "따뜻한 남쪽 나라로 가고 싶다"는 의향을 밝혀 한국으로의 망명을 원하는 듯했다. 그러나 최초 통역을 맡았던 조총련계 인물을 통해 초기부터 사건을 파악한 북한은 조총련 간부들을 동원해 이들 가족을 협박하였고, 이로 인해 가족 간에 망명지를 놓고 의견이 엇갈리게 되었다. 이때부터 한국과 북한은 일본을 상대로 치열한 외교협상을 벌이게 된다.

　　이 사건 얼마 전에 일본 어선이 북한에 납치되어 있던 상황이라 당시 일본은 북한의 눈치를 보지 않을 수 없었다. 결국 북한의 반발을 의식한 일본은 이들 일가를 불법 입국자로 간주해 공해상으로 추방하겠다고 결정하였다. 한국이 공해상에서 기다리고 있다가 인도한다는 것이 한국과

프레스센터에서 기자회견을 하는 김만철 씨와 가족들

일본의 이면약속이었다. 하지만 이 정보 역시 북한에 노출되어 북한 경비정이 출동해 공해를 감시하는 상황이 되었다. 한국과 일본은 재협상을 통해 이들을 제3국인 대만으로 보낸 후 한국이 인도해가는 것으로 결정하였다.

이에 따라 김만철 일가는 2월 7일 새벽 비밀리에 대만으로 보내졌고, 한국 정부의 송환교섭단도 대만에 도착해 하루 만인 2월 8일 오후에 김 씨 일가와 김포공항으로 함께 들어왔다. 김만철 일가가 청진호를 타고 북한을 탈출한 지 24일 만이었다.

# 내가 김현희를
# 데리고 왔다

:

어느 날 텔레비전 채널을 돌리는데 화면에 KAL기 폭파범 김현희가 보였다. TV조선의 〈시사토크 판〉이라는 프로그램이었다. 방송에서는 김현희를 직접 초대해 그간의 진실 공방에 대한 이야기와 그로 인해 그녀가 겪은 고통을 들려주고 있었다.

방송을 보면서 가장 먼저 든 생각은 '아직도?'였다.

KAL기 폭파 사건에 대한 조작 의혹은 국내에 퍼진 여러 음모론 중에서도 가장 집요하게 제기되어왔다. 특히 참여정부가 들어섰을 때는 국정원의 '과거사진실규명위원회'와 국회의 '진실화해위원회'까지 나서서 의혹을 파헤쳤다.

당시 천주교정의구현사제단은 피해자 유족회와 함께 기자회견을 열어 "KAL기 폭파사건은 조작되었다"는 주장을 펼쳐 파문을 일으켰고, 지상파방송 3사에서도 특별기획 형식을 통해 이 사건에 대한 의혹을 집중적으로 다루었다. 뿐만 아니라 일본에서는 《김현희는 가짜다》라는 제목의 책까지 출간되었다.

사건 발생 30년이 가까워오는 지금까지도 이 문제가 계속 제기되는 이유는 무엇일까?

정황적으로 의혹을 가질 만한 점들도 있기야 하겠지만, 이 사건을 색안경 쓰고 보게 된 주된 이유는 아마도 사건이 대통령 선거 직전에 일어났기 때문일 것이다.

폭파 사건은 1987년 11월 29일에 일어났는데, 김현희를 국내로 압송해온 것이 13대 대선 하루 전날인 12월 15일이었던 것이다. 때문에 이 사건으로 노태우 후보가 150만 표를 더 얻었느니 하는 말들이 세간에 떠돌았다.

그 정도까지는 몰라도 비행기를 폭파했다는 북한 공작원이 선거일 하루 전에 압송되며 전국에 생중계되었으니 국민들의 안보의식에 적잖은 영향을 미치긴 했을 것이다. 그렇다 해도 정부가 선거를 위해 백수십 명의 국민을 희생시키는 자작극을 기획했다고 생각하는 건 지나친 상상이 아닐까?

그렇다면 진실은 무엇일까?

나는 김현희가 나온 그 방송을 본 후 방송국에 전화를 했다.

역사의 진실을 분명히 밝혀야겠다는 내 나름의 사명감 때문이었다. 방송국에서는 나에게 정식으로 출연 요청을 했고, 나는 얼마 후 같은 프로그램에 대담자로 나가서 내가 경험한 사실을 증언했다.

1987년 11월 29일 오후 2시경, 이라크의 바그다드를 출발해 아랍에미리트의 아부다비를 거쳐 방콕을 향해 가던 대한항공기가 공중 폭발하면서 탑승객 115명이 전원 사망했다.

정부는 즉시 이 사건에 대한 실무대책본부를 구성했고, 당시 외무부의 정무차관보로 있던 내가 본부장으로 임명되었다.

사건 초기에는 이것이 테러인지 단순사고인지 어떤 정보도 없었다. 때문에 대책본부에서는 일단 '실종'이라는 표현으로 이 사건을 공식 발표하고는 해외의 모든 공관에 비상조치를 내렸다. 그런 후 홍순영 당시 외무부 제2차관보는 비행기가 실종된 지역인 태국으로 향했고, 나는 국내에서 각종 정보를 취합하며 진상 파악에 매달렸다.

이날 밤 비행기가 기착했던 아랍에미리트의 우리 대사관에서 급전이 날아왔다. 비행기 승객 중 일본인 여권을 갖고 있는 2명의 신원이 이상하다는 것이었다. 상황실에서는 즉시 주일 대사관에 알려 이들의 여권을 확인했다. 확인 결과 위조된 여권이었다.

이때 김현희는 공범인 김승일과 함께 일본인 부녀관광객으로 위장해 바레인의 한 호텔에 묵고 있었다. 그런데 여권 문제로 바레인 경찰과 우리나라의 대사관 직원들이 여러 번씩 찾아오자 위기감에 몰래 출국하려다 공항에서 잡혔다. 잡히는 순간 두 사람은 독극물을 입에 넣었는데, 김승일은 그 자리에서 사망하고 김현희는 감시자의 저지로 자살에 실패했다.

위조 여권에 이어 독약에 의한 자살기도까지 드러나자 비로소 그들이 북한 공작원임을 짐작할 수 있었다. 이때부터 우리 정부는 김현희를 데려오기 위해 일본과 바레인에 외교적 접촉을 시작했다.

내가 그 교섭책임자로 바레인에 파견되었다. 사건이 발생한 지 일주일쯤 지난 12월 7일이었다. 그때 나를 수행한 사람은 외무부의 아랍전문가인 오기철 당시 서기관, 그리고 3명의 안기부 직원이었다.

김현희를 처음 보았을 때 나는 그 미모에 조금 놀랐다. 공작원의 얼굴이 따로 있는 건 아니지만 '정말 이 여자가 비행기 폭파를?'이라는 생각이 들 정도로 그녀의 첫 인상은 그저 곱상한 여대생 같기만 했다.

"당신 북한 사람이지요?"

내가 김현희에게 처음 던진 질문이다.

고개만 푹 숙인 채 그녀는 아무 말도 하지 않았다. 그래서 일본어로 물었더니 이번에도 대답이 없었다. 나보다 먼저 접촉한 바레인 경찰이나 우리 대사관 직원들에게도 아무 말이 없었다고 했다.

신원 파악이야 어차피 안기부에서 담당할 것이므로 나는 김현희를 국내로 송환하는 일에 주력했다. 당시 바레인은 우리나라와 우호적인 관계여서 사건 해결에 협조적이었다. 바레인의 외무장관은 나에게 필요 절차가 끝나는 대로 그녀를 우리에게 넘길 것이라고 약속했다.

그런데 며칠 지나자 바레인의 태도가 달라졌다. 자기들도 이 문제로 여러 번이나 비상회의를 가졌는데 의견이 분분하다는 것이었다. "아직 김현희의 국적이 확인되지 않았는데 한국으로 보내는 게 옳은가?", "위조이지만 일본 여권을 갖고 있으니 일본이 당사국 아닌가?" 하는 말들이 나온다고 했다.

나중에 알고 보니 북한과 가까운 시리아와 레바논 등이 북한 편을 들면서 김현희를 우리나라로 보내지 못하도록 압력을 넣고 있었다. 바레인으로서도 난감한 입장이었던 것이다.

일단 나와 동행한 안기부 요원이 과학적 증거로 맞섰다. 북한 공작원들의 자살도구에 대해 소상히 파악하고 있던 안기부 직원은 출국할 때 이미 그에 대한 증거자료를 준비했었다.

우리 요원은 그들이 자살에 사용한 사이나이드 가스는 전 세계에서 북한만 쓴다는 것을 증명하면서 김현희가 북한 공작원임을 강조했다.

다음에는 내가 나서서 설득했다.

"여권만 보면 일본도 관할 국가이긴 하지만 피해를 입은 건 우리 비행기와 우리 국민 아닌가. 게다가 아직 심문이 안 이루어져 국적을 증명하지 못할 뿐 공작원이라는 증거가 너무 명확하다. 결국 바레인이나 일본은 부차적으로 관할권이 있을 뿐 주관할권은 우리에게 있다."

이와 함께 나는 바레인의 카리파 당시 외무장관에게도 "김현희를 바레인에 오래 두는 것은 폭탄을 안고 있는 것과 같다"고 말하면서 그녀를 하루 빨리 우리에게 넘겨달라고 설득하였다.

이렇게 송환 문제로 여러 날을 옥신각신하다가 14일에야 김현희를 넘겨받을 수 있었다. 우리나라에서는 즉시 수십 명의 호송 인력과 대한항공 특별기를 바레인으로 보내 김현희를 태웠다. 현재 외교부장관인 윤병세 씨가 그때 담당관으로 특별기에 동승하였다.

내가 비행기에 올라가보니 그녀는 안기부 요원에 의해 입에 재갈이 물린 채 의자에 결박되어 있었다.

"풀어주지요. 비행기 안인데 어디로 도망을 가겠어요."

조금 안되어 보여서 내가 말했더니 요원은 자살기도를 막기 위해서는 어쩔 수 없다고 했다.

그렇게 해서 김현희가 우리나라에 압송되어온 것이 12월 15일 오후였다. 도착 즉시 국내의 모든 시선이 그녀에게 쏠렸다. 그녀의 뛰어난 미모가 먼저 화제로 떠올랐다. 이어서 지금까지 계속되어오고 있는 조작설이 하나 둘 등장하기 시작했다. 선거일에 맞추느라 김현희를 싱가포르에서 하루 체류시킨 다음에 데리고 들어왔다는 말도 있었다.

당연히 이런 말은 터무니없는 추측에 불과하다.

김현희가 북한 공작원이라는 것은 미국도 자체 조사를 통해 확인하였다. 미국 정보부는 당시 동유럽에서 활동 중인 북한 공작원들이 27명이라는 것까지 미리 파악하고 있었는데, 김현희에게 베오그라드에서 만난 3명의 공작원을 말하게 했더니 미국이 가지고 있는 공작원 명부와 일치했던 것이다.

방송 중에 TV조선의 아나운서가 나에게 이렇게 물었다.

"정부에서 혹시 꼭 선거일 전에 데리고 와야 된다는 지침이 있었나요?"

그런 적 없다고 하자 다시 물었다.

"외교관은 국익을 위해 때로 거짓말도 한다는데, 박 대사님은 정말 김현희가 북한 공작원이라고 믿고 있는 거지요?"

확실한 대답을 들어보기 위해 일부러 해본 질문이었는지는 몰라도, 아나운서마저 그렇게 말하는 것을 보고 속으로 씁쓸했다. 사건을 직접 맡아 처리한 사람의 말도 믿지 못한다면 더 이상 증명할 방도는 없다.

하기야 음모론 쪽으로 생각해보면 나조차 이용당한 것일 수 있다. 정부의 최상층 극소수가 기획했고 나는 그저 사건 후의 대책본부장으로서 송환을 위한 실무만 담당했던 것이라고 말이다.

하지만 그건 불가능하다. 이 지면에 자세히 다 적을 순 없지만 그 사건은 발생 초기부터 우리나라의 각국 재외공관을 비롯해 미국, 일본, 바레인 등 관련 국가의 모든 정보망이 동원되었다. 어느 일방의 조작이 끼어들 여지가 없다.

평생 외교관으로 살아온 나의 상식으로 보더라도 그렇다. 그만한 사건을 국내는 물론 세계 각국의 정보망까지 우습게 만들며 이처럼 흔적 없이 기획하고 완벽히 마무리한다는 것은 불가능하다. 당시 리리 주한 미국 대사는 김현희를 데려오는 일에 대해 나와 긴밀하게 협력하였는데, 자신의 회고록에서 이 상황에 대하여 2페이지에 걸쳐 자세히 설명하고 있다.

그런데 나의 이런 설명이 시중 일부의 의혹을 해소시킬 수 있을까?

음모론이란 게 그 자체로 매력적인 데다 공교롭게도 선거 전날에 송환됐다는 원죄(?)가 있다. 때문에 통일이 되어 북한의 비밀문서라도 등장하지 않는 한 그 누구도 의혹을 완전히 해소시키기는 어려울 것 같다는 생각이 든다.

1987년 12월 안보리에서 열린 김현희 사건 토의 모습. 사건 발생 두 달여가 지난 1988년 2월 10일에는 안전보장이사회 긴급회의가 소집되어 세계 대부분의 국가들이 북한의 테러행위를 규탄하였다.

# 김현희 KAL기 폭파사건

　우리나라의 분단 상황이 만들어낸 여러 비극적인 사건 중에서도 가장 충격이 컸고 국제적으로도 큰 파장을 일으킨 여객기 테러 사건이다. 사건 정황에 드라마틱하면서 미스터리한 요소들이 있어 조작설 등 많은 의혹을 남기기도 했다.

　전두환 대통령의 임기가 끝나가던 1987년 11월 29일, 이라크의 바그다드를 출발하여 서울로 가던 대한항공 858편 보잉 707기가 미얀마 근해 상공에서 마지막 교신을 하고 난 후 갑자기 사라졌다. 당시 대한항공기는 아랍에미리트의 아부다비를 거쳐 다음 기착지인 방콕으로 비행하던 중이었으며, 기내에는 중동에서 귀국하던 근로자들인 한국승객 93명과 외국승객 2명, 그리고 승무원 20명 등 총 115명이 탑승하고 있었다.

　실종 다음 날 우리 정부는 기체가 발견되었다는 발표와 함께 대한항공 858편이 추락했음을 공식적으로 인정했다. 그리고 수사를 통해 이 사건이 88올림픽을 방해하려는 목적을 지닌 북한 공작원에 의한 폭발테러임을 밝혔다.

　당시 수사보고서는 다음과 같이 작성되었다.

　"지난해 11월 29일 오후 2시 5분쯤 버마 안다만 해역 상공에서 공중폭발하여 115명의 고귀한 생명을 희생시킨 대한항공 858편 폭파사건은

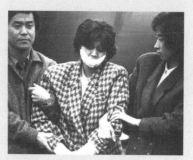

KAL 858편 폭파 후 체포되어 김포공항에서
압송되는 김현희

수사 결과 북괴 김정일의 지령에 따라 자행된 가공할 만행임이 밝혀졌다."

　수사 발표에 의하면 북한 공작원인 김현희(당시 26세)와 김승일(당시 70
세)은 위조된 여권으로 바그다드에서 탑승한 뒤 아부다비 공항에서 내렸
는데, 이때 기내 좌석 선반에 라이터와 술병으로 위장한 폭발물을 놓고
내렸다고 한다. 이들은 바레인을 통해 요르단으로 탈출하려다 공항에서
잡혔는데, 김승일은 그 자리에서 독약을 먹고 자살하였고, 김현희는 체포
되어 대통령 선거 전날인 1987년 12월 15일 한국으로 압송되었다. 이후
김현희는 재판에서 사형을 선고받고(1989년 4월 25일) 복역하던 중 이듬해
1990년 4월 12일에 대통령특사로 사면되었다.

　북한의 공작이었다는 사건 진상이 알려지자 미국은 즉각 북한을 테러
국가로 규정하여 각종 제재를 가하였고, 일본도 북한외교관과의 접촉을
제한하고 일본~북한 간 특별기의 일본 기항을 중지하는 등 대북한 제재
조치를 단행하였다. 그리고 사건 발생 두 달여가 지난 1988년 2월 10일
에는 안전보장이사회 긴급회의가 소집되어 세계 대부분의 국가들이 북한

의 테러행위를 규탄하였다.

사건은 이렇게 정리되었지만 국내에는 많은 의혹이 뒤를 이었다. 정부의 공식적인 수사 결과 발표에도 불구하고, 유족과 사회 일각에서는 폭파 사고 사망자의 시체와 유품이 전혀 발견되지 않은 것 등 몇 가지 정황을 거론하며 이 사건의 진실성에 의문을 제기했다.

사건 발생 10여 년이 되도록 논란이 그치지 않자 참여정부는 국정원의 '과거사진실규명위원회', '진실화해위원회' 등을 통해 진실규명에 착수하였다. 2006년 8월과 2007년 10월 두 차례에 걸쳐 발표된 조사 결론은 "조작이 아니다"였다. 다만 대선 전에 김현희를 국내로 압송하기 위해 안기부 등 10개 기관이 합동으로 실무대책본부를 운영하는 등 정치적으로 활용하려 했고, 그러다 보니 오히려 각종 의혹을 유발하게 된 측면이 있다고 보고서는 적고 있다.

# 대한민국 정부 대표단에 대한
# 북한의 복수

:

1991년 9월 평양에서 '77그룹 아시아지역 각료회의'가 개최되었다. 당시 제네바 대사로 있던 나는 이 회의에 수석대표로 김창엽 참사관(후일 주아일랜드 대사 역임)과 함께 참석하게 되었다.

77그룹이란 1964년도에 열린 유엔무역개발지구UNTAD, United Nations Trade and Development 창립총회에서 한국을 포함한 77개 개발도상국이 선진국 그룹에 대항해 결성한 비공식 교섭단체로, 국제경제 문제에 대해 개도국의 공동입장을 조율하는 일을 하고 있었다. 북한은 그 얼마 전 제네바에서 개최된 아시아지역 회

의에서 77그룹 내 43개 아시아그룹 각료회의를 평양에서 개
최하겠다고 제의해 우리나라를 포함한 전 회원국의 지지로 유
치를 확정했었다.

회의를 유치할 때 북한 대표인 한창현 주제네바 공사는 모
든 회원국의 참가를 보장한다고 했었다. 이에 회원국인 우리나
라도 당연히 참가하게 된 것인데, 평양에서 개최되는 국제회의
에 우리 정부 대표단이 참석하는 건 최초였고 나 개인적으로
도 첫 방북이었다.

이때 북한 당국자들은 나에 대하여 남한에서 가장 반동적인
대사가 왔다고 공공연히 적대시했다. 그런 태도는 평양의 국제
공항에 도착하던 첫날부터 시작되었다.

내가 제네바에서 출발하느라 서울에서 출발하는 우리 정부
대표단에 앞서 타국 대표들과 함께 평양에 도착했더니 북한
외무성의 조 차관이 공항에 마중 나와 있었다. 그런데 다른 나
라 대사들과 일일이 악수를 나누던 조 차관이 나를 보고는 아
무 말 없이 휙 돌아섰다. 그는 유엔에 근무한 적이 있어 나를
알고 있는데도 대놓고 적대감을 표시한 것이다.

나는 돌아서는 조 차관의 팔을 잡고 말했다.

"여보, 다른 사람하곤 다 악수를 하면서 어째 동족끼리는 손
을 안 잡소?"

타국 대표들의 눈길을 의식한 조 차관은 그제야 억지로 손

을 내밀었다.

　이튿날 서울에서 온 재무부 상공부국장 등을 포함한 우리 정부 대표단이 들어오자 북한은 또 엉뚱한 트집을 잡으며 우리 대표단의 활동을 방해했다. 회의가 공식적으로 시작되었는데도 수석대표인 나와 김창엽 참사관 외에 다른 인원들은 숙소였던 고려호텔에서 나오지 못하도록 감시하는 것이었다. 재무부 국장 등 우리 정부 대표단들은 꼼짝없이 호텔에 갇혀 회의 참석조차 할 수 없었다.

　내가 이유를 따져 묻자 황당한 대답이 돌아왔다. 마침 그때는 한국의 일부 지역에서 전염성 질병인 콜레라가 유행하고 있었는데 북측은 그것을 핑계로 삼았다. 자기네 북한은 세계에서 가장 질병이 없는 나라인데 우리 대표단이 콜레라를 전염시킬 수 있어 안 된다는 것이었다.

　나는 그날 저녁 아시아 지역의 각국 대사들을 만찬에 초대하여 북한 당국의 황당한 처사를 전달하고는 우리와의 공동대응에 협조를 요청하였다. 그리고는 북한의 김달현 부수상이 의장으로 주재한 회의 첫날, 만약 한국 대표단 중 한 사람이라도 회의에 참석하지 못하면 내일 당장 떠나겠다고 공개적으로 항의하였다.

　얼토당토 않는 불합리한 이유로 우리 대표의 회의 참석을 방해하는데 더 이상 있을 필요가 없다는 내 말에 북한 측은 더 황당한 이유를 들이밀었다. 북경으로 가는 비행기는 이미 예약이 다 되어 있고, 모스크바행은 일주일에 한 번 운항하고 있어 내일은 물론 앞으로 일주일간 한국 대표단은 평양을 떠날 수 없다는 것이었다.

"여보, 뻔히 아는 일을 거짓말하지 마시오. 우리 대표단을 저렇게 계속 묶어둔다면 나는 무조건 내일 돌아갈 것이오."

나의 항의가 계속되자 결국 북한은 우리 대표단의 회의 참석을 허용하였다. 그러나 우리가 돌아오는 날까지 이런저런 방해는 계속되었다.

당시 남북은 유엔에 동시 가입 신청서를 제출한 상태로, 그 각료회의가 끝난 며칠 후에 있을 유엔총회에서 동시 가입이 이루어지게 되어 있었다. 유엔 동시 가입을 한사코 반대하던 북한에게 중국의 리펑이 김일성을 만나 최후통첩 비슷하게 동시 가입을 권유한 것이 그 얼마 전이기도 했다.

북한이 우리에게 그처럼 무례했던 것은 결국 그들에게 골수 반동으로 알려진 나에 대한 비호감과 함께 당시의 그런 정황이 이유였다고 생각된다. 북한 입장에서는 굴욕적으로 동시 가입을 받아들인 터라 최초로 북한을 방문한 우리 정부 대표단에게 어떻게든 흠집을 내고 싶었던 것이다.

솔직히 나는 아시아 대사들과 연대하여 북한에 항의하는 중에도 속으로는 많이 불편하였다. 그들이 보기에는 국제회의에서 같은 민족끼리 유치한 다툼을 벌이고 있는 것으로 비쳤을 것 아닌가. 어깃장을 놓더라도 논리적으로 좀 그럴싸한 명분을 내세워 회담 전체에 팽팽한 긴장감이라도 조성했다면 차라리 나았을 것이다.

회의가 예정대로 끝난 다음날 나는 평양을 떠나면서 잊을 수 없는 한 조각 추억을 갖게 된다. 내가 평양에 체제하는 동안 나를 수행하던 북한 측 관리는 동독에서 공부했다는 지식인이었는데 그의 딸이 곧 결혼하게 된다는 이야기를 내게 해주었다. 나는 마침 평양에 가면서 혹시 필요할지도 몰라 150불 상당의 시계를 하나 갖고 갔었다. 나는 공항화장실에서 그의 옆에서 함께 소변을 보면서 따님이 결혼한다 하니 내가 마침 스위스 공항에서 산 시계 하나를 선물로 주겠다고 말했다. 그는 시계를 받더니 정성어린 감사를 하면서 사방을 살핀 후 양말 속에 그것을 넣었는데 그 모습을 보니 북한 동포에 대한 애처로움으로 가슴이 아팠다.

77그룹 아시아지역 각료회의 참석 당시 만경대 소년궁전 참관. 1991년 9월 평양에서 개최된 '77그룹 아시아지역 각료회의'에 수석대표로 참석하게 되었다.

황두영 상공부 상역국장(후일 외교부 통상본부장 역임)과 내가 회의장 의석에 나란히 앉아 있다.(1991년 9월)

만수대 의사당에서 회의에 참석한 모습. 유엔 동시 가입을 굴욕적으로 받아들인 북한의 방해로 우여곡절 끝에 회의에 참석할 수 있었다. (1991년 9월)

# 어느 탈북 망명자에 대한
# 안타까운 기억

　내가 외무부의 정무차관보로 있던 1980년대 후반의 일이다. 어느 날 주에티오피아 김덕보 대사로부터 급전이 날아왔다. 북한주민 한 사람이 현지 대사관을 찾아와 망명을 요청했다는 내용이었다.

　그때나 지금이나 탈북자의 망명 요청은 외무부에서 가장 신경 쓰는 일 중에 하나이다. 외무부는 즉시 자세한 상황을 알아보았다. 망명을 요청한 사람은 에티오피아의 북한 대사관에 파견되어 있던 농업 관련 기술자로서 준외교관 신분이었다. 망명을 받아들이면 좋은 쪽으로든 나쁜 쪽으로든 정치적 파장이

예상되는 일이었다.

외무부는 내부적으로 정치적 파장을 검토하면서 현지의 김덕보 대사와 의견을 요청했다. 김 대사는 외교적으로 큰 성과가 될 것이라면서 망명을 받아들이자는 의견을 냈다. 에티오피아 당국과 북한 대사관 누구도 모르게 한국으로 송환할 은밀한 작전도 가능하다고 했다. 즉 007작전으로 그를 빼내겠다는 것이었다.

우리 외무부에서는 이원경 장관과 차관보인 나를 중심으로 신중하게 검토한 끝에 에티오피아 정부도 모르는 비밀작전에 대해서는 허락하지 않았다. 당시 우리나라와 에티오피아와의 관계, 그리고 한창 준비에 여념 없던 서울올림픽 등 여러 국내 사정을 고려한 결론이었다.

알다시피 에티오피아는 1950년 6·25전쟁 때 우리나라에 군대를 파병한 유일한 아프리카 국가로서 한국과 우호적인 관계를 유지해왔다. 한반도에 전쟁이 일어났을 때 에티오피아는 셀라시에 국왕이 다스리는 왕정국가였는데, '각류부대'라는 이름의 황실근위대 6,000명을 남한에 파병하여 어떤 전투에서도 패하지 않는 혁혁한 전과를 올리고 돌아갔었다.

그러나 1980년대 당시는 에티오피아가 국왕을 폐위시키고 공산권 국가로 바뀌어 있었다. 1974년에 군부의 멩기스투 소령이 쿠데타를 일으켜 정권을 잡으면서 3,000년이나 지속되어온 군주제를 폐지하였고, 그 후로 에티오피아는 소련과 북한 등 공산권 국가들과 수교하면서 좌경 노선을 걷고 있었다.

당시 우리가 입수한 정보에 의하면 북한은 줄곧 에티오피아에게 한국과의 수교를 중단하라는 요구를 해오고 있었다. 에티오피아는 셀라시에 국왕 시절에 한국과 맺은 국교를 좌경 정권이 들어서고 나서도 유지하고 있었다. 이를 탐탁지 않게 여기는 북한이 틈만 나면 에티오피아와 우리를 갈라놓으려 했다.

우리가 그 탈북자를 은밀히 한국으로 데려오면 북한은 그것을 빌미로 에티오피아에게 한국과의 국교 단절을 강하게 요구할 것이고, 약점을 잡힌 에티오피아로서는 받아들이지 않을 수 없으리라는 것이 우리 외무부의 판단이었다.

결국 그 농업 기술자는 에티오피아 정부에 인계되었다. 대신 현지 대사관에서 그의 신변보호를 강력히 요청하였고, 에티오피아 외무부의 고위인사는 에티오피아 헌법에도 망명자는 보호하게 되어 있다면서 우리를 안심시켰다.

이런 과정을 거쳐 탈북 망명자는 에티오피아 당국에 인계되었다. 그런데 에티오피아는 그 탈북자를 자기네 외무부 청사에 데려다 놓고 청소 등 허드렛일이나 시키면서 한동안 어떤 조치도 취하지 않았다. 그런 가운데 어느 날 우리 정보기관에 뜻밖의 정보 하나가 들어왔다. 북한의 김영남 외무상이 특별기를 타고 에티오피아를 방문한다는 것이었다.

우리 외무부와 현지 대사관에서는 김영남의 동정을 예의 주시하였다. 그러나 우리가 다시 탈북자의 소식을 듣게 된 건 김영남이 이미 자기가 타고 온 특별기로 그를 데리고 돌아간 후였다.

우리는 즉각 에티오피아 정부에 강력히 항의하였다. 그쪽의 외무부 당국자는 북한 측으로부터 탈북자의 생명과 안전을 절대 보장한다는 굳은 약속을 받았다고 해명했다. 우리가 보기에는 말도 안 되는 약속이었지만 상황은 이미 종료된 것이었다. 북한으로 송환된 그를 다시 데려올 방법은 없었다.

상황은 그렇게 끝났지만 우리는 이후에도 계속 에티오피아 정부에 그 탈북자의 신변을 확인해 달라고 요구하였다. 솔직히 우리 외무부나 현지 대사관 누구도 그가 무사히 살아 있을 것이라고는 기대하지 않았다. 그저 마지막까지 최선을 다해 그의 생존 여부를 확인하고자 했던 것이다.

게다가 에티오피아가 우리 정부와의 약속을 어긴 것에 대하여 가만히 있을 수는 없었다. 국가 간 신의 문제이고 앞으로 비슷한 사례가 생길 경우를 생각해서라도 문제를 확실하게 매듭지어야 했다.

우리가 거듭 요구하자 에티오피아의 각료 한 사람이 북한을 방문했다. 그리고 돌아온 그 각료는 자기가 직접 그 탈북자를 만나보았으며 안전하게 잘 있더라는 말을 들려주었다.

우리 측은 그것을 믿지 않았다. 아니, 어쩌면 에티오피아 각료의 말은 거짓이 아니었을지도 모른다. 북한이 만남을 주선한 것은 사실일 수 있고, 그 각료는 북한 쪽에서 보여준 북한 사람 한 명을 만났을 수 있다. 하지만 실제 그 탈북자를 만났는지는 우리가 확인할 수 있는 방법이 없었다.

에티오피아 각료는 탈북자의 얼굴을 모른다. 혹시 사진을 갖고 갔을지 몰라도, 우리가 낯선 흑인을 볼 때 그런 것처럼 그의 눈에 아시아 남자는 다 비슷비슷해 보였을 것이다.

그 사건은 그렇게 끝났다. 에티오피아 당국과의 사소한(?) 마찰 외에는 외교적으로 어떤 성과도 없이 종결되었다. 우리 정부가 가장 우려했던, 에티오피아와 국교가 단절되는 일도 벌어지지 않았다.

하지만 그 일은 지금까지도 나의 외교관 생애 중에서 매우 가슴 아픈 일 중의 하나로 남아 있다. 어렵게 우리 대사관까지 찾아와 망명을 요청했던 그가 에티오피아로 넘겨져 청소나 하며 불안한 나날을 보내다가 북한 외무상 김영남과 마주쳤을 때 심정이 어떠했을까. '이젠 죽었구나!' 했을 것이고, 실제로 죽었을지도 모른다.

이제는 우리 정부도 에티오피아도 북한도 그를 기억하지 않는다. 존재하지 않은 사건이고, 존재하지 않은 죽음이 되어버렸다. 남북의 대결 상황과 국제정치의 냉엄함 속에서 종종 그렇게 한 개인은 무력하게 사라지기도 한다.

# 이겨도 씁쓸했던
# 북한 외교관과의 입씨름

:

외교관 생활 초기에 나는 늘 서양인들의 유머와 여유 있는 화술이 부러웠다. 그런 유머와 화술이 외교에 매우 유용한 무기가 된다는 것을 알고 나서는 더 그랬다.

그런데 의중만 비추면서 말을 돌려서 하려면 뛰어난 언어감각이 있어야 한다. 고대 그리스 시절부터 수사학을 가르치고 배워온 서양인들은 비교적 그런 것에 능한데 한국의 우리세대, 특히 나는 아무래도 그 점이 좀 약한 듯하다. 상대의 논리를 조목조목 반박하는 건 그리 뒤지지 않지만, 외국어 단어의 이중적 의미를 교묘하게 활용한다거나 재치 있는 유머로 상대의 공격을 받아넘기는 건 나도 익숙하지 못하다.

그래서 나는 누군가 멋진 화술을 구사하면 꼭 기억했다가 나중에 그 비슷한 상황에서 써먹기도 했고, 시중에 떠도는 각종 유머나 우화를 수집해 기록해두기도 했다. 이런 적극적인 노력으로 나중에는 나도 제법 순발력 있는 유머나 유들유들한(?) 반어적 공격을 잘할 수 있게 되었다.

그런데 공교롭게도 이런 화술로 덕 본 경우는 대개 북한 외교관과의 대결에서였다. 도무지 논리적으로 대응할 수 없는 억지 주장이 많고, 자기들 말만 하고 우리 말은 들으려고도 하지 않기 때문이었다.

1986년 2월 탄자니아 다레살람에서 아시아·아프리카 법률자문회의(AALCC)에 참석하기 위하여 주모로코 한국대사로서 한국 대표단을 이끌고 갔을 때의 일이다. 탄자니아는 첫 방문인 데다 그 나라가 북한과는 외교관계를 맺고 있었으나 우리나라와 수교를 하지 않은 때여서 행동이 조심스러웠다. 그 회의에는 북한도 참석하였다. 북한은 당시 그 나라에 대사관도 있었고, 비동맹국의 일원이어서 자기네 안마당처럼 여유 있는 모습이었다. 체구가 유난히 큰 북한 대표는 로비에서 우리 대표단과 마주칠 때면 괜히 눈을 부라리며 위협적인 표정을 지어 보이곤 했다.

공식 회의장에서 북한 대표의 발언 순서가 되었을 때다. 북한 대표는 연설을 하는 동안 아프리카 비핵화라는 회의 주제보다는 남한을 공격하는 데에 많은 시간을 썼다. 남한은 독재 정권이고 광주에서 무고한 시민 2,000여 명을 학살했다는 등의 이야기였다. 무슨 웅변이라도 하듯 격한 어조로 우리를 비난하는 데에만 몰두해 다른 나라의 대표들조차 지겨워했다.

그의 말이 끝난 다음에 내가 발언을 요청했다. 사실 나는 좀 곤혹스러운 입장이었다. 북한 대표의 말이 근거 없는 과장으로 가득 차 있긴 했으나 당시 광주민주화운동은 국제적으로 주시 대상이었다. 내가 해명할 문제도 아니고, 북한 대표와 입씨름해봐야 얻을 것이 없었다.

그때 회의를 주재한 사회자는 탄자니아의 법무장관이었다. 그는 나의 발언 요청을 받아들이지 않았다.

"남북한 대표가 양자 문제로 시간을 허비해서는 안 됩니다. 한국 대표가 무슨 말을 할지 알고 있고, 또 회의 시간도 길어졌으니 이쯤 합시다."

회의 주제와 관련 없는 이야기일 테니 허락할 수 없다는 것이었다. 나는 길게 말하지 않을 것이라며 2분만 시간을 달라고 했다. 2분 후에는 마이크를 꺼도 좋다면서 강력하게 요청하자 겨우 발언 시간이 주어졌다. 나는 바로 이야기를 시작했다.

"남북한이 대치하고 있는 경계지역에 임진강이라고 불리는 강이 있습니다. 어느 날 그 강의 상류인 북한 땅에서 공산당 관료 한 사람이 낚시를 하고 아래쪽에서는 남한 농부가 고기를 낚고 있었습니다. 그런데 남한 농부는 낚싯대를 던졌다 하면 고기가 잡히는데 북한의 공산당 간부는 입질조차 없어 한 마리도 잡지 못했어요. 그러자 화가 난 북한 공산당 관료가 남한 농부에게 따졌습니다. 같은 강에서 낚시를 하는데 왜 그쪽에서만 물고기가 잡히느냐, 무슨 이상한 짓을 하는 거 아니냐 하고 물었지요. 그러자 남한 농부가 대답합니다. 북쪽에서는 입 한번 잘못 벙긋하면 잡아가고 죽이고 하잖아요. 그게 무서워 물고기조차 입을 열지 못하니 미끼를 못 무는 거 아닙니까."

내 말에 회의장의 모든 사람이 폭소를 터뜨렸고, 북한 대표는 시뻘게진 얼굴로 나를 노려보았다.

회의가 끝나 만찬을 할 때였다. 나와 터키 대사와 인도 대사가 합석해 있는 자리에 북한 대표가 다가왔다. 그는 다짜고짜 나를 위협하면서 북한 사투리로 욕을 퍼부어댔다. 외교관의 입에서 나올 수 없는 상스러운 욕이었다.

"당신 깡패요? 지금 한 말을 영어로 해보시오."

내 말에 북한 대표는 더 열을 내면서 나를 밀어붙이려 했다. 금방 육탄전이라도 벌어질 듯한 상황까지 가자 내 옆자리의 인도 대사가 그를 말리느라 몹시 애를 먹었다. 가까스로 상황이 정리된 후에 나는 동석해 있던 터키 대사와 인도 대사에게 북한이 어떤 나라인지에 대해 이런 우화로 말을 꺼냈다.

"어느 날 전갈 한 마리가 길을 가다가 홍수를 만나 막혀 있을 때 마침 개구리가 오는 게 보였습니다. 전갈은 개구리에게 자기를 업어서 강을 건너달라고 간절히 부탁했지요. 그러자 개구리가 말합니다. 너는 생리적으로 독침을 찔러 다른 동물을 죽이는 게 특기인데 나를 찌르면 어떡하느냐고. 그러자 전갈이 말하지요. 네가 죽으면 나도 죽을 텐데 내가 그러겠느냐. 일리가 있는 말이어서 개구리는 전갈을 등에 업고 강을 건너기 시작합니다. 그런데 강 중간쯤에 이르렀을 때 전갈이 개구리에게 독침을 쏩니다. 둘 다 강에 빠져 죽어가는 순간에 개구리가 원망스러워하며 전갈에게 묻지요. 서로 죽을 짓을 왜 했느냐고. 전갈이 대답합니다. 어쩔 수 없었어, 이게 내 본능이거든."

우리가 다 아는 이솝우화 이야기이다. 방금 북한 대사의 어처구니없는 행패를 보았던 직후라 터키와 인도 대사는 배꼽을 잡으면서 웃었다.

승패로 따지면 그날의 승리는 나였다. 공석과 사석에서 연달아 적절한 우회 화법을 통해 상대를 제압한 것이다.

하지만 기분이 좋지는 않았다. 입씨름에서 누가 이기든 다른 나라 사람들이 볼 때는 같은 민족 간의 다툼일 뿐이다. 한때 같은 나라였던 인도와 파키스탄이 회의석상에서 다투는 것을 보면서 한심하게 생각한 적이 있다. 우리의 다툼 역시 다른 이들이겐 그렇게 비쳤을 것이니 유쾌할 수가 없었다.

DIPLOMATIC HISTORY OF KOREA

# 지겹게도 다퉜던 북한 외교관들을 회상하며

:

북한의 외교관들은 비교적 오랫동안 한 보직을 유지한다. 유엔이나 제네바처럼 여러 나라의 외교관을 상대하는 다자 외교 무대에서는 특히 그렇다. 그러다 보니 뉴욕과 제네바 등 주로 다자간 외교 무대에서 활동해온 나는 특정한 북한 외교관 몇 사람을 아주 긴 세월 알게 되는 경우가 많았다.

남북이 적대적인 관계라서 그렇게 오랜 시간 여러 번 본다고 해도 가까워지기는 쉽지 않다. 그렇지만 '미운 정 고운 정'은 어느 정도 생기게 마련이다. 유엔 주제 북한 대표부를 20여 년이나 이끌어온 박길연 당시 대사가 2009년에 뉴욕 생활을 마감할 때는 나마저 괜히 뭉클한 감회를 느꼈었다.

박길연과는 참 지겹게도 많이 다투었다. 성격이 무뚝뚝하고 다혈질인 그는 유엔 로비에서 마주쳐도 말 한번 건네는 적이 없이 눈을 부라리곤 했다. 어느 자리에선가는 타국 대사들도 있는데 나에게 한국말로 거친 욕을 퍼부어서 내가 "이보시오, 같은 박 씨고 나이도 나보다 어리면서 무슨 욕을 그렇게 심하게 해요?" 하면서 성 씨와 나이까지 들먹인 적도 있다.

나는 유엔 로비에서 그를 만나면 눈도 마주치지 않고 지나가는 그의 손을 억지로 잡으며 악수를 건네기도 했고, 타국 외교관들과 함께하는 자리에서도 가능한 한 남북관계의 특수성이 개인적인 관계에까지 영향을 미치지 않도록 노력했다. 그러나 박길연 대사는 정말이지 막무가내 식 외교를 했다. 공개석상에서 억지 주장을 펴는 것에서도 그를 따라올 사람이 없었다.

1988년 2월에 유엔 안보리는 한국 정부의 공식 요청에 의해 KAL기 폭파사건을 토의했다. 당시 나는 외무부 정무차관보로서 최광수 장관과 함께 그 회의에 참석했다. 그때 박길연은 KAL기 폭파가 한국의 자작극이라면서 한국 정부와 나에게 엄청나게 비난을 해댔다. 그리고 내 이름을 거명하면서 내가 수백만 달러의 현금과 보석으로 바레인 정부의 수뇌부를 매수해 김현희라는 한국 기생을 북한의 첩자라고 하면서 서울로 데려왔고, 그 사실을 나 스스로 자백했다는 거짓말까지 서슴지 않았다. 안보리 공개회의 석상에서 거침없이 한 그의 허위 주장에 회의 참석자들은 아연실색하지 않을 수 없었다.

그런 어처구니없는 상황에서 최광수 장관은 내가 써준 쪽지를 보면서 니체의 《차라투스트라는 이렇게 말했다》의 한 구절인 "악마와 싸우는 사람은 그 과정에서 스스로 악마로 전락하지 말아야 한다"를 인용하며 일일이 대응하지 않겠다고 말했다. 최 장관은 박수길 차관보는 내가 신임하는 외교 고위관리인데 언제 어디에서 뇌물을 주고 자백도 했는지 구체적으로 말하라고 반박했다. 하지만 그는 증거도 대지 못하면서 발언 시간 내내 똑같은 주장을 되풀이했다.

박길연의 주장을 듣고 있던 당시 중국 대사 리루에 씨는 냉전이 무너진 후 내가 서울에서 주최했던 세미나에 참석하여, 나에게 자기의 외교관 생활에서 가장 곤혹스러운 경험이 그때였다고 회고했다. 1995년은 한국이 유엔 가입 후 4년 만에 안보리 비상임이사국 진출에 성공한 해였는데, 박길연은 그때도 공개석상에서 집요하게 방해 공작을 펼쳤으나 결국 실패했다.

제네바 대사로 있을 때에는 북한의 이철 대사(현재 북한 이수영 외무상)와 인연을 맺었다. 북한 대사로는 처음 개인적으로 만난 사람이었다.

어느 리셉션장에서 그를 처음 보았는데 그 전에 보던 북한 외교관들과는 달리 언행이 점잖았다. 그래서 어느 날 마음먹고

접근하여 내가 먼저 말을 건넸다.

"여보 대사 선생, 우리가 동족인데 서로 말이나 나누며 지냅시다. 내가 우리나라에서는 영향력이 좀 있어 당신과 만나도 아무 문제가 없습니다. 이철 대사도 북한에서 권력 실세와 가깝다는 소문은 자주 들었습니다."

사실은 당시 안기부장이던 서동권 씨에게 북한 대사와 접촉하겠다고 미리 말해둔 터였다. 그때만 해도 남북한 대사가 현안도 없이 개인적으로 만나는 건 문제가 되었다.

내가 그렇게 말하자 이철 대사는 자기도 남쪽 대사를 만날 정도의 힘이 있는 사람이라면서 선선히 내 제안을 받아들였다. 이철은 김정일 기쁨조를 담당하는 4인방 중의 한 사람으로 북한의 외화벌이를 담당하고 있어 실제로 상당한 재량권을 갖고 있었다. 그리고 외국생활을 오래 해서인지 사고방식도 비교적 융통성이 있는 사람이었다. 그는 본명이 리수용으로 현재 북한 정권의 외무상으로 있다.

그렇게 해서 이철과 서너 번 개인적으로 만나 식사를 했다. 그러나 단둘이 만난 적은 한 번도 없었고 둘 다 항상 보좌관을 배석시켰다. 나는 문봉주 참사관(현재 목사)을 이철 대사는 박덕훈 참사관(후일 주유엔 차석대사)을 동석시켰다. 남북이 첨예하게 대립하고 있던 때라 단둘이 만났다가는 나중에 어떤 예상치 못한 문제에 휘말릴지 모르기 때문이었다.

어느 정도 친해졌다고 생각해 어느 날은 내가 그에게 우리 관저에 초대하겠다고 제안했다. 다행히 이철은 별 문제 아니라는 듯 선선히 응했다. 하지만 관저에는 결국 초대하지 못했다. 그날 이야기를 나누던 중 그의 입장에서는 내가 선을 조금 넘었다고 생각되는 발언을 했던 것이다.

김일성 이야기를 하면서 내가 남한에서는 그의 빨치산 활동에 대해서는 긍정적으로 평가하지만 6·25전쟁의 원인에 대해서는 비난하는 사람들이 적지 않다는 식으로 이야기를 꺼냈다. 그러자 대번에 그의 얼굴색이 달라졌다. 갑자기 입을 꾹 닫더니 말도 많이 안 하는 것이었다. 그때부터 서로 별 말 없이 어색하게 식사를 끝내고 헤어졌다. 그러더니 관저에 오기로 약속했던 날 하루 전에 전화를 해서는 오지 않겠다고 통보해왔다.

내가 좀 경솔했는지 모르겠으나 대화에 그렇게 제약이 많아서야 그날 아니라도 언젠가는 문제가 터졌을 것이다. 다른 공산권 국가 사람들은 처음에는 경계를 하다가도 일단 개인적으로 친해지고 나면 화제가 넓어지는데 북한 외교관들과는 그처럼 넘을 수 없는 선이 너무 많았다.

외교관은 사실 자국의 이익을 위해 때로는 거짓말을 하기도 한다. 국익을 위한 외교관의 거짓말에 대해서는 17세기 대영제국의 대사였던 와튼 경의 다음과 같은 말이 종종 인용된다.

"대사는 그 나라의 이익을 위해 외국에서 거짓말하도록 파견된 정직한 사람이다."

그러나 외교에 대해 이런 냉소적인 태도가 통용되던 시대는 지나갔다. 오늘날 외교 정책이 국제사회의 신뢰와 지지를 얻기 위해서는 그 나라를 대표하는 외교관의 도덕적 영향력이 매우 중요한 요소로 작용한다. 그러나 북한은 지금도 폐쇄적인 체제의 특성상 수시로 거짓말을 정책으로 포장해 선전하고 있고, 대부분의 북한 대사는 그 정책을 앵무새처럼 되풀이한다.

나와 숱하게 다투었던 박길연 대사도 북한식 외교의 그런 한계를 벗어날 수 없었을 것이다. 나는 박길연이 무례하게 나올 때마다 대결을 피하지 않았다. 거친 말은 하지 않았지만 늘 강하게 면박을 주며 정면으로 다투었다. 그러면서도 그처럼 불가능한 역할을 수행해야 하는 그에게 연민을 느끼곤 했다.

10년이 넘도록 그런 관계로 지내다 보니 나중에는 그가 어떤 말을 해도 화가 나지 않았다. 그가 일종의 연극배우처럼 느껴지는 것이었다. 그리고 동족은 동족인지 어떤 때는 그를 비난하는 타국 외교관들 앞에서 그를 변호해주고 싶은 마음마저 들기도 했다.

나이가 드니 내가 현역 시절에 북한 외교관들에게 너무 저돌적으로 행동한 것이 조금 후회된다. 나는 북한 외교관의 어떤 말이든 꼬박꼬박 받아쳤고, 때로는 내 쪽에서 먼저 야유조의 말을 던지기도 했다.

언젠가 서울에서 열린 남북 총리회담에도 왔던 한시해라는 북한 대사가 있다. 그는 주유엔 대사도 역임했다. 그는 늘 미국산 최고급 승용차를 타고 다녔고 입고 다니는 옷이나 구두도 고가였다. 어느 날 나는 그에게 "한 대사님, 북한 대사의 구두가 그렇게 반질반질하면 되겠소?" 하고 면박을 주었다. 인상을 쓰는 그에게 여유 있게 씩 미소를 지은 것이 당시에는 당당한 태도라 생각했는데, 지금 돌아보면 외교문제로 다투는 자리도 아닌데 인신공격성 발언까지 할 필요는 없었다는 생각이 든다.

이제는 나이도 있고 현역에서 은퇴한 터라 예전의 북한 외교관들을 만날 기회가 더는 없을 것 같다. 그러나 기회가 된다면 일부러라도 한번 만나고 싶다. 지난날의 다툼을 추억처럼 주고받으며 통일된 한국의 장래를 함께 이야기할 수 있다면 얼마나 좋을까.

# DIPLOMATIC HISTORY OF KOREA

## 4장

### 외교관들만 아는
### 외교가의 뒷이야기

# 미수교국 대사들에게
# 접근하기

⋮

조금 우스운 이야기일 수도 있는데, 내가 유엔 대표부에 근무할 때 가장 많이 한 일은 '유엔 로비에 서성거리기Hanging around in the UN lobby'였다.

유엔은 세계의 모든 나라 대표들과 접촉할 수 있는 다자 외교의 총본산이다. 국제적 현안이 있거나 없거나 뉴욕의 유엔 건물에는 항상 수많은 외교관들이 들락거린다. 그런 만큼 다양한 나라의 외교관들과 다양한 방식의 접촉이 가능하다.

그럼에도 역시 어려웠던 것은 우리와 수교하고 있지 않은 공산권이나 제3세계 국가 외교관들과 만나는 일이다. 지금은 동서 냉전이 사라졌지만 내가 유엔에 근무할 때만 해도 냉전 구도가 장벽처럼 굳어져 있어 유엔 무대 아니면 그쪽 사람들을 만나기 힘들었다. 그래서 나는 유엔에 근무하는 동안 이들과 어떻게든 인연을 만들어보려고 많은 애를 썼다.

그렇다고 딱히 묘안 같은 건 없었다. 유엔 로비에서 서성거리다가 우연인 듯 마주치는 것, 그러면서 조금씩 안면을 트고 경계심을 지워나가는 것, 그것이 가장 자연스럽고 확률도 높은 방법이었다.

나는 유엔에서 회의가 있는 날이면 한두 시간 정도 일찍 나와 로비를 서성거렸다. 적당한 자리를 잡아 책이나 신문을 보고 있을 때도 있지만 그때도 신경은 현관과 에스컬레이터에 고정시키고 누가 들어오는가에만 집중했다.

그러다가 한국과 외교 관계가 없어 평소 접촉이 없던 나라의 외교관이 들어서면 발걸음 수까지 계산하며 천천히 그에게 다가갔다. 그러고는 우연인 듯 반갑게 인사를 건네며 회의장까지 함께 걸어갔다.

그 짧은 시간에 진지하게 외교적 대화는 나눌 수 없다. 날씨나 건강 같은 일상적 이야기를 잠깐 주고받거나 혹은 지난번 어느 회의에서 한 연설을 인상적으로 들었다는 식으로 상대에게 내 존재를 알린다. 그러다가 길이 갈라질 때쯤 "언제 식사나 한번 하지요?" 하고 마무리 말을 던지는 것이 고작이다. 그때 "그럽시다" 하는 정도의 말만 들어도 큰 소득이 된다.

이렇게 안면을 한번 트고 나면 다음에 만났을 때는 아무튼 '구면'이 된다. 서너 차례 마주치고 나면 그럭저럭 서로 친밀감이 생겨 구체적인 날짜를 잡아 식사 약속을 하는 데까지 발전하기도 한다.

1980년대 초반 내가 유엔 공사로 있을 때에도 트로노브스키 소련 대사와는 이렇게 사나흘을 로비에 서성거리다 접근하여 가까워졌고, 나중에 내가 인권소위원회에서 활동할 때 내 편을 많이 들어준 중국과 쿠바 대사도 이런 식으로 인연을 만들었다. 공식적으로 만나기 힘들었던 비동맹국가인 탄자니아의 루피아 대사, 알제리의 배자위 대사도 유엔 로비에서 처음으로 인사를 나누었으나 후일 가까운 사이가 되었다.

알제리 배자위 대사의 경우는 처음에 너무 경계를 하여 말한마디 건네는 것조차 힘들었는데 결국 가까운 사이가 되었다. 그래서 배자위 대사가 주미 대사로 옮겼을 때는 당시 우리 주미 대사이던 김경원 박사를 내가 소개해주기도 했다. 김 박사는 나중에 어느 글에선가 그 일이 알제리와 국교를 맺는 데에도 어느 정도 도움이 되었다고 회고하였다. 배자위 대사는 후일 알제리아 외무장관 국제 사법재판소 판사도 역임했다.

나는 이런 식으로 우리나라와 국가적 접촉이 없던 각국 대사들과의 친분을 확장시켰고, 그 덕에 내가 주유엔 대사로 제직했을 때에는 다자간 회의의 각종 표 대결에서 늘 좋은 결과를 얻을 수 있었다.

유엔에서 나만큼 각국 외교관들과 적극적으로 친분을 쌓은 사람을 꼽으라면 나는 이탈리아의 풀치 대사를 생각하게 된다. 풀치 대사와 나는 동서방 구분이 없는 다양한 친분관계로 유엔에서의 각종 표 대결에서 늘 승리하는 편이었다. 그래서 유엔에 와 있던 대사들은 이탈리아 대사와 나를 가리켜 "Ever winning, never loosing"이라는 표현을 쓰고는 했다. "늘 이기는 사람, 늘 지지 않는 사람"이라는 뜻이다.

또 나와 함께 일하던 후배 외교관들은 나의 적극적인 외교 활동을 'activist ambassadorship'라고 좋게 불러주며, 특히 어떤 표 대결에서도 져본 적이 별로 없고 활동 범위를 크게 넓힌다는 이유로 고대 이집트의 파라오였던 '람세스 2세'라는 별명을 붙여주기도 했다. 물론 이러한 별명은 나에게는 과분한 것이라는 생각이 든다.

# 개인적인 친분이
# 외교에 영향을 미칠까

．
．

    외교관은 국가를 대표하는 사람이므로 본국의 정책을 무시하고 함부로 개인적인 발언이나 행동을 할 수 없다. 그렇다고 외교관이 한낱 꼭두각시 역할만 하는 것은 아니다. 어느 자리에서든 자기 나라의 공식적인 견해만 앵무새처럼 되풀이한다면 굳이 외교관이 있을 필요가 없다.

    유능한 외교관은 국가 정책을 크게 벗어나지 않는 범위 안에서 최대한 자유롭게 개인의 활동 반경을 넓힌다. 때로는 일시적으로 본국의 입장과 상반된 견해를 보이기도 한다. 물론 그 궁극적인 목적은 나라의 안정과 번영이라는 국익 수호에 있지만.

외교관 사이에 개인적인 친분이 중요한 까닭이 거기에 있다. 사람 대 사람으로 만나면 각자의 성격이나 정서가 친분을 쌓는 데에 가장 먼저 작용한다. 때문에 동맹국이라도 개인적인 사이는 안 좋을 수 있고, 비우호국이라도 외교관끼리의 사이는 좋을 수 있다. 그리고 이러한 개인적 친분 여부는 외교 활동의 성과에도 은근히, 어떤 경우에는 아주 직접적으로 영향을 미친다.

한국이 최초로 유엔 안전보장이사회에 비상임이사국으로 진출하고자 노력할 때의 일이다. 당시 우리나라는 아시아권 국가들을 상대로 스리랑카와 치열한 지지 경쟁을 벌이고 있었다. 우여곡절 끝에 스리랑카가 후보를 사퇴하여 한국은 아시아권에서 유일한 후보가 되었다.

이제 필요한 건 당시 48개국으로 구성되어 있던 아주그룹에서 한국을 공식적으로 지지해주는 일이었다. 그런데 아주그룹 회의 분위기가 한국의 단독 후보 추천을 결정하는 쪽으로 기울자 북한이 강력히 반발하고 나섰다. 박길연 유엔 주재 북한 대사는 발언권을 신청해 "안보리 이사국 선거는 11월에 있는데 뭐 그리 서두르느냐. 우리도 안보리에 출마할지 모른다"며 단독 후보 추천을 막으려고 애썼다.

이때 아주그룹 의장을 맡고 있던 체링 부탄 대사의 역할이 컸다. 체링 대사와 나는 유엔에서 함께 근무하며 수시로 식사를 함께하고 비동맹에서 남북한을 둘러싸고 일어나는 각종 사안에 대해 허심탄회하게 의견을 나누는 사이였다. 우리나라와 부탄의 관계도 좋았지만, 나는 오래 전부터 그와 개인적인 친분을 쌓고 있었다. 덕분에 체링은 우리에게 매우 중요한 아주 그룹 회의에서 적극적으로 우리 편을 들어주었다.

유엔의 투표는 구속 집행력을 갖는 안보리의 결의 말고는 총회 결의도 예산문제를 제외하고는 구속력이 없다. 지역그룹회의에서는 대개 '콘센서스consensus(대체적 합의)'에 의해 결정이 이루어진다. 대다수가 동의하며 강력한 반대가 없는 상태를 대체적 합의라고 한다. 유엔의 각종 지역그룹의 의사결정은 이러한 관례에 따른다.

사실 어느 한 시점에서 현재 대체적 합의가 되어 있는지 아닌지를 판단하는 건은 어느 정도 주관적인 판단이 될 수밖에 없다. 결국 회의를 이끌어가는 의장의 역할이 크게 작용하게 된다. 그런데 당시 체링은 북한과 몇 나라가 강력히 반발하고 있음에도 우리 입장에 서서 콘센서스가 이루어졌다고 선언함으로써 한국의 단독 후보를 인정하는 데에 결정적 도움을 주었다.

유엔에 근무할 때 알게 된 탄자니아의 폴 루피아 유엔 대사와의 인연도 의미 깊다. 당시 탄자니아는 북한과 수교하고 있어 한국과는 외교 관계가 없었으나 나는 처음부터 그에게 적극적으로 다가갔다. 북한이 경계하고 있음에도 나는 그와 자주

만나 식사를 했고, 그러면서 차츰 개인적인 이야기를 나누는
사이로까지 발전하였다.

한번은 그에게 텔레비전을 선물하기도 했다. 외교부에는 외
교 선전용으로 나오는 가전제품들이 있는데, 선진국 외교관들
에게야 별 것 아닐지 몰라도 탄자니아 같은 가난한 나라에는 이
런 물건이 아주 훌륭한 선물이 된다. 당시 본국에서 보내준 삼
성전자 텔레비전 한 대를 그 대사에게 선물했더니 매우 고마워
했다.

그 대사는 본국으로 돌아가 외무차관이 되었는데, 이때 맺
은 친분으로 우리에게 적대적이던 비동맹국가들과 접촉하는
데에 적지 않은 도움을 받았고, 나중에 한국과 탄자니아가 국
교정상화를 이루는 데에도 도움이 되었다.

내가 유엔 인권소위원회에서 활동할 때에도 중국과 쿠바
등 우리와 관계가 껄끄러운 나라 대표들의 도움을 많이 받았
다. 그들과는 유엔 공사로 근무할 때에 이미 가까운 사이가 되
어 있었다. 인권소위원회에서 나는 해마다 위안부 문제와 탈북
자의 불송환 원칙을 천명하는 결의안을 제출하였는데, 내가 제
출한 결의안이 그들 나라로서는 좀 불편한 내용이 많았음에도
결의를 채택하는 과정에서 늘 지지표를 던져주었다. 내가 제출
한 결의안에 쿠바 대사가 반대하지 않은 이유는 각별하고 개
인적인 친분 관계 때문이었다.

# 모로코 대사 시절의
# 어학공부

:

2014년 4월 내가 회장으로 있는 유엔협회세계연맹의 회의 참석 차 뉴욕에 갔을 때였다. 회의가 끝난 후 오준 주유엔 대사는 한국 대사관저에 반기문 유엔 사무총장을 비롯해 유엔의 주요 간부들과 각국 대사들 20여 명을 초대하여 만찬을 주최했다.

이 자리에서 여러 대화가 오가던 중 초대 주한 대사를 지냈던 카말 전 유엔대사로부터 재미있는 이야기 하나를 들었다. 그는 주한 대사 재직 중 한국어 공부를 아주 열심히 하여 유창할 정도는 아니라도 한국말을 꽤 하는 편이었다. 그래서 한국에서 대사직을 마치고 떠날 때는 텔레비전에 출연하여 우리나라 시조인 〈가노라 삼각산아〉를 낭송하기도 했고, 요즘도 나를 만나면 "대사님, 안녕하십니까?" 하고 우리말로 인사를 건넨다.

그 파키스탄 대표가 주한 대사로 있던 때에 한국어 연설을 했던 일화로 좌중에 웃음을 주었다.

대사로 부임한 후부터 한국어를 열심히 공부했던 그는 어느 날 국회의 외무위원들이 주최하는 만찬에 초청을 받자 한국어로 연설할 생각을 했다. 그래서 준비한 원고를 한국어로 옮긴 후 며칠 동안 맹연습을 하고 나서 연설을 했다. 그런데 연설을 듣고 난 외교위원장이 이렇게 말하더란다.

"대사님, 훌륭한 연설이었습니다. 그런데 방금 연설을 들으니 파키스탄 말이 한국말과 굉장히 비슷하네요."

외교위원장의 재치 있는 농담이었다. 그가 열심히 공부한 한국어가 사람들에게는 한국어 비슷한 국적불명의 연설로 들렸다는 이야기다. 자기는 죽자고 공부했는데도 현지인들과의 소통은 역시 쉽지 않더라는 파키스탄 대표의 말에 모두 고개를 끄덕였다.

당연한 말이지만 외교관에게 어학 실력은 가장 필요한 업무능력 중 하나이다. 어느 나라를 가든 영어는 기본이고, 현지어까지 할 수 있으면 더 좋다.

그런데 사실 학교 때부터 전공으로 배운 언어가 따로 있다면 모를까 영어 말고는 각국을 방문할 때마다 그곳의 언어를 일부러 배운다는 게 쉽지 않다. 특히 이름도 생소한 작은 나라의 언어는 그 나라를 떠나면 쓸 일이 거의 없기에 애써 배우게 되지는 않는다.

영어 말고도 불어, 중국어, 스페인어, 러시아어 등 유엔의 공식 언어는 쓰임새가 많아 웬만하면 배워두는 게 좋다. 하지만 그것도 그 나라에 나가게 되었을 때의 얘기지 내가 한창 일할 때만 해도 국내에서 일부러 외국어를 공부할 시간을 따로 내기는 어려웠다.

나는 우리말 외에 영어, 일어 외에 소통할 정도의 불어를 한다. 영어와 일어는 어릴 때부터 자연스럽게 습득하였고, 불어는 1984년 모로코 대사로 나갔을 때 배웠다. 모로코는 오랫동안 프랑스령에 속했기 때문에 현지어와 더불어 불어가 거의 공용어로 사용되고 있다.

이때는 외무부에 입부한 지 20년 정도 되었을 땐데 그동안 캐나다 대사관과 유엔 대표부 등 영어권에서만 계속 근무했기 때문에 다른 언어를 배울 기회가 없었다. 물론 캐나다는 영어와 불어가 공용어로 쓰이고 있지만……. 마침 모로코가 불어권이어서 이참에 불어를 배워야겠다고 마음먹었다.

영어와 불어는 둘 다 라틴어에 근원을 두고 있어 비슷한 단어와 형식이 많다. 〈르몽드Le Monde〉 등 프랑스 신문을 자세히 들여다보면 영어와 비슷한 단어가 60% 정도나 나온다. 다행히 나는 영어를 어원과 함께 공부한 적이 있어 불어를 새로 배우는 데에 상당한 도움이 되었다. 그래도 워낙 발음이 생소하고, 급할 때면 영어부터 쓰게 되므로 마음먹고 달려들지 않으면 꾸준히 공부할 수가 없었다.

나는 일단 회화교본을 통해 불어의 기초를 독학했고, 그 후에는 시간만 나면 근처의 초등학교로 나가 어린아이들과 어울렸다. 말 걸어오는 외국인을 재미있어 하는 아이들과 한참 놀아주고 나면 생생한 현장 언어가 금세 입에 붙었다. 신문도 〈르몽드〉를 구독하면서 사전을 옆에 놓고 일일이 찾아가며 기사를 읽었다. 그리고 한동안은 가정교사를 불러 집중적으로 회화 연습을 했다.

그렇게 열심히 공부한 덕에 부임한 지 6개월 지나고부터는 서툴게나마 불어로 연설을 할 수 있게 되었다. 내가 처음 불어로 연설하자 공관 직원들은 언제 그렇게 불어를 배웠느냐며 놀라워했다. 처음에야 내 연설도 파키스탄 대사처럼 불어 비슷한 말로 들렸을지 모른다. 그러나 주눅 들지 않고 계속 불어 연설을 했더니 나중에는 나 스스로 느끼기에도 어느 정도의 수준이 되었다.

그렇게 불어를 공부한 후에는 모로코 주민의 현지 언어인 아랍어를 배우려고 노력했다. 아랍어 공부에도 꽤 시간을 들이긴 했으나 의사소통이 잘 되지 않아 중도하차했다. 하지만 불어는 그 후에도 종종 써먹을 기회가 있어 아직까지도 일상에서 간단한 의사표시를 할 수 있는 외국어로 내세울 수 있다.

지금은 우리나라 외교부 직원들이 주재국의 언어를 할 줄 모른 채 파견되는 경우가 거의 없다. 그러나 예전에는 아랍이나 남미 쪽으로는 언어를 잘 몰라도 대사로 임명되는 일이 있었다. 외교관들 개인이나 국가의 외교관 양성 시스템 모두 다양한 언어권을 다 커버하기에는 역부족이던 시절이었기 때문이다.

그런데 현지어를 모르면 누구보다 외교관 자신이 고생을 한다. 일상생활과 업무에 불편한 건 물론 의미 있는 외교 실적을 올리는 데에도 당연히 장애가 된다. 그럼에도 본부에 돌아오고 나면 잘못된 관행이긴 하나 승진은 주로 영어를 사용하는 선진국에 주재했던 사람들에게 유리하게 작용되어 아랍권이나 스페인 언어권에 파견되는 외교관들의 불만이 적지 않았다.

예전에 비하면 지금은 다행히 영어뿐 아니라 다양한 언어를 공부할 수 있는 방법이나 기회가 많아졌다. 국립외교원에서 미리 주재국의 언어를 충분히 가르치고, 국비로 어학연수를 보내주는 제도도 정착되어 있다. 그리고 현재 외교부 직원들은 영어, 일어, 중국어, 스페인어는 물론 아랍어에도 능통한 사람이 많아 한국 외교관의 국제경쟁력은 외국의 동료 외교관들로부터도 높이 평가받는다.

# 일부 장관의 공명심에
# 피곤한 현지 외교관

⋮

유엔에서 총회가 열리면 세계 각국의 국가원수와 각료들이
많이 참석한다. 유엔의 회원국(현재 193개국)이 모두 모이는 자
리이므로 현안 문제가 걸려 있는 나라의 각료들을 한자리에서
만날 수 있고, 인맥과 친분을 쌓는 데에도 이만한 자리가 없다.

우리나라도 마찬가지여서 9월에 유엔총회가 시작되면 다른
부처는 몰라도 외교부장관은 반드시 뉴욕으로 날아온다. 장관
들은 도착하자마자 부지런히 각국의 각료나 국가수반들을 만
난다. 당장 아무 현안이 없어도 서로 얼굴을 익히고 관계를 돈
독히 해두면 나쁠 것이 없기 때문이다.

이런 만남의 일정은 모두 현지 직원들이 주선한다. 많게는 50명 이상까지 만남이 이루어지므로 총회 기간 현지 직원들의 업무 태반이 이 일에 투입된다. 그리고 이런 만남은 공식적인 문서로 본국에 보고된다.

우리 직원이 작성하고 외교부장관 이름으로 보내게 되는 현지보고서는 대개 다음과 같이 시작된다.

"대통령 각하, 본직은 유엔총회에 와서 40개국 외상들과 만나 양국 관계를 협의하고, 여러 가지 현안 문제에 한국에 대한 지지를 확약받았습니다……."

여기에서 문제는 '몇 개국'이라고 하는 숫자다.

많이 만나서 나쁠 건 없지만 숫자 자체가 외교 실적은 아니다. 같이 밥을 먹으며 몇 마디 나누었다고 양국 관계에 대단한 진전이 이루어지진 않는다. 우리는 물론이고 다른 나라도 짧은 기간에 수십 명씩 만나게 되므로 나중엔 오히려 어느 나라의 누구를 만났는지조차 잊어버리는 경우가 흔하다.

그럼에도 일부 장관들은 숫자에 집착한다. 보고서에 적힌 '양국의 우호 증진에 기여'한 일이 실제로는 별로 없다 하더라도 숫자만큼은 기록으로 남기 때문이다. 또 어떤 장관은 자기의 회담 내용을 전부 완전한 기록으로 남기기를 원하는데 그런 경우 현재 외교관은 엄청난 고생을 하게 된다.

보고서를 받아보는 대통령도 장관이 수십 개 국가들과 어떤 이야기를 나누었는지 일일이 알진 못한다. 현안이 걸려 있지 않은 친선외교에는 딱히 '회담 결과'라는 게 없다. 접촉했다는 외국 각료들의 숫자로 외교 성과를 짐작할 뿐이다.

때문에 실적을 내세우고 싶은 마음이 앞선 일부 장관들은 무조건 지난 총회 때보다 더 많은 사람을 만나려고 한다. 상대가 어느 나라인지 어떤 대화를 나눌 것인지는 둘째 문제이고, 무조건 많은 사람과 접촉하려 한다.

"작년에 ○○ 장관은 몇 명 만났어? 그래? 그럼 이번엔 몇 개국 더 늘려봐."

이럴 때 바빠지는 건 현지 외교관들이다. 장관이 요구한 숫자를 채우기 위해 뛰어야 한다.

이런 숫자놀음은 당연히 신이 나지 않는다. 국가적으로 중요해서 꼭 만남을 성사시켜야 하는 일이라면 사명감으로 매달리게 되고 그에 따른 성취감도 느낄 수 있지만, 이런 일은 솔직히 한 개인을 위한 접대성 업무에 불과하다.

사실 장관이 오기 전에 웬만한 나라들과는 이미 미팅 스케줄을 잡는다. 그 외의 나라들에서 추가해야 하는데, 고위급 각료들 간의 만남을 갑자기 주선하기가 쉽지 않다.

그럴 때 대상이 되는 나라가 주로 이름도 생소한 작은 나라들이다. 남미나 아프리카 쪽에는 인구가 10만 명도 안 되는 작은 나라들이 많다. 지중해 연안의 어느 나라는 수상 관저가 우리나라의 동사무소보다 못하다.

그런 나라들의 각료는 우리가 오찬이나 만찬에 초대하면 쉽게 응한다. 그들로 보아서는 무역 규모가 세계 10위권에 속하는 '큰 나라'의 장관이 먼저 만나자고 하는 것이니 마다할 이유가 없다.

그렇게 한 나라가 추가되면 식사 중에 무슨 말을 얼마나 나누었든 '양국 간에 우호를 증진한 각료 회담' 하나가 보고서에 추가되는 것이다.

현지 외교관으로서 장관들의 이런 숫자놀음은 마음이 씁쓸해지는 풍경이다. 일국의 장관이면 보고서 숫자에 연연하지 않고 내실 있는 외교에 힘을 쏟아야 할 것이다. 장관으로서 미팅 숫자로 실적을 과시하려 하는 건 대통령을 한낱 직장 상사로 여기는 것이고, 자기 자신마저 '재상'이 아닌 일개 월급쟁이로 격하시키는 일이다. 이제 우리 때와는 달리 세상이 많이 변해 우리 세대가 경험했던 일은 일어나지 않을 것이다.

DIPLOMATIC
HISTORY OF
KOREA

# 외교부장관이
# 가장 자주 바뀌는 나라

　내가 유엔 공사로 있던 때의 일이다. 그해에 새로 외무부장관에 취임한 이범석 장관이 유엔총회 참석 차 방문하자 나는 그동안 내가 알고 지내던 강대국 대사 여러 명을 유엔 로비에서 소개시켜주었다.

　그 다음 이 장관은 인도네시아 목타르 외무장관을 만났는데, 이 장관과 악수를 하고 난 목타르 장관이 나를 보면서 뜨악한 표정을 지었다. 사정을 이해하는 나는 그저 계면쩍게 웃고 말았다.

　목타르 장관은 그 전해에 노신영 외무부장관과 인사를 나누고 식사도 같이 했었다. 그러나 노 장관이 안기부장이 되면서 이범석 장관으로 교체되었다. 1년여만에 한 나라의 외무부장관을 두 사람이나 만나니 목타르 장관의 반응은 어찌 보면 당연한 일이었다.

전 세계에서 외무장관이 가장 자주 교체되는 나라가 우리나라다. 외국은 그렇지 않다. 최소 5년은 기본이고 10년 정도 계속하는 사람도 많다. 정치경제적으로 우리보다 낫다고 할 수 없는 싱가포르, 인도네시아 등 아세안 국가들의 외상들도 한국처럼 자주 바뀌지 않는다.

국제외교 현안에는 몇 년씩 계속되는 장기적 과제가 많고 그에 따라 타국 외교관들과의 인맥이 중요하다. 그래서 선후진국을 막론하고 외교 부처에는 장수하는 장관들이 많다. 지금 푸틴 러시아 대통령 밑에서 외무장관을 하고 있는 세르게이 라브로프 장관은 10년 넘게 장관직을 유지하고 있다.

그런데 우리나라는 역대 최장수 장관이라고 하는 박동진 외무부장관이 5년에 불과했다. 27대 외무부장관인 박정수 장관의 임기는 고작 5개월 남짓에 그쳤다. 김대중 정부 시절에는 임기 5년 동안 무려 4명의 외교통상부장관이 있었고, 현재까지 총 37대를 거친 우리나라 외교부장관의 평균 재임기간은 1년 반에 불과하다.

미국의 매들린 올브라이트 국무장관은 클린턴 대통령이 재

선된 1997년에 취임했는데, 그가 임기를 마칠 때까지 상대한
우리나라 외교부장관은 유종하, 박정수, 홍순영, 이정빈 등 4명
이나 되었다.

그 후의 상황은 더 심각했다. 미국의 부시 정부에서 신임 국
무장관이 된 콜린 파월은 재직 4년 동안 이정빈 장관을 시작으
로 한승수, 최성홍, 윤영관, 반기문 등 무려 5명의 한국 외교통
상부장관을 만나 얼굴과 이름을 새로 익혀야만 했다.

이렇게 외교부장관의 교체가 잦은 것은 외교문제보다는 국
내의 정치적인 요인에 의해 경질되곤 하기 때문이다. 국제교류
가 어느 부처보다 많은 외교부장관이 이렇게 자주 바뀌면 당
연히 외교에 도움이 되지 않는다. 타국 장관들과 개인적 친분
을 쌓을 수가 없어 국가 대 국가로서의 회담에서 개인적 차원
에서의 협조나 막후 의사교환 같은 것이 원활해질 수 없다.

그래서 우리나라 외교부장관은 미국, 일본, 중국, 러시아 등
한반도 주변의 4대 강국을 챙기기만도 벅차다는 말을 하곤 한
다. 외교부장관이 되면 국제정치상 우리나라와 긴밀한 관계에
있는 이들 4대 강국과는 필히 만나서 현안 문제를 공조하고 협
조도 부탁해야 하는데, 그러다가 몇 개월 혹은 1년 정도 지나 교
체되고 나면 다른 나라의 각료들과는 얼굴 한 번 보지 못하게
된다. 그리고 새 외교부장관은 다시 4대 강국부터 외교를 시작
하게 되니 외교의 범위가 좀처럼 확대되기 어려운 형편이다.

특히 핵문제 등이 복합적으로 물려 있는 북한과의 관계는 단시간 내에 상세히 파악하기 어려워 우리 장관이 타국 외무 장관과 회담을 하거나 언론 인터뷰를 할 때면 실무자들은 혹 잘못된 발언이라도 나오지 않을까 걱정하기까지 한다.

나와 친한 타국 외교관들은 이런 문제에 대하여 대놓고 투덜거렸다. 좀 사귈 만하면 사람이 바뀐다는 것이다. 올해 신임 장관이라고 인사를 나누었는데 그 사람을 내년에 또 볼지 어떨지 모르면 대화에도 성의가 안 들어가게 마련이다.

장관의 잦은 교체는 국제외교에 문제가 생길 뿐만이 아니라 부처 내부적으로도 업무파악과 기강확립에 문제가 생긴다. 장관이 바뀌면 새로운 업무 파악에 최소한 3개월은 걸린다. 장관이 현안을 파악할 때까지 중요한 결재나 새로운 외교 전략은 미루어지게 마련이니 업무의 연속성이 끊길 수밖에 없다. 그러다 보면 또 내부 직원들조차 장관을 언제 떠날지 모를 뜨내기로 보게 되는 심리가 자연적으로 생길 수밖에 없다. 장관과 아래 직원들 간의 동지적 신뢰나 기강확립에 전혀 도움이 되지 않는 것이다.

때문에 다른 부처는 몰라도 최소한 외교부장관만큼은 대통령과 임기를 같이해야 된다는 게 나뿐만 아니라 많은 외교관들의 공통된 생각이다. 장관이라는 자리가 정치적으로 임명될 수밖에 없는 한계는 있겠지만 국익을 위해 최대한 임기 보장

이 되었으면 하는 바람이다.  이런 면에서 볼 때 박근혜 대통령
에 의해 임명된 외교부장관이 가능한 한 박 대통령과 임기를
같이하는 장관으로 남는 좋은 선례가 되기를 기대해본다.

# 심장마비에 걸릴 뻔했던
# 유네스코 총회 참석

⋮

나는 40대 초반까지는 술을 꽤 많이 마셨고 담배도 하루에 한 갑 이상 피웠다. 원래 술을 즐기는 편은 아니었으나 외교관이라는 것이 이렇게 저렇게 술자리에 많이 참석할 수밖에 없는 직업이기 때문이다.

유엔에서 근무할 때는 특히 하루가 멀다 하고 오찬, 만찬에 참석하게 되니 와인을 입에 대지 않는 날이 드물었다. 그런 자리에서의 음주는 물론 장시간 마신다거나 폭음으로 가진 않는다. 그러나 술자리의 횟수 면에서는 어느 직장인보다 많았으니 과로와 스트레스가 겹쳐 건강에 나쁜 영향을 주었을 것이다.

그러던 중 유엔 공사로 있던 시절 술을 끊게 된 사건이 발생했다. 그때까지 건강 문제에 특별한 자각증상은 없었는데 그 무렵에 심각한 문제가 발견되었다.

1980년대 초 어느 날 유네스코 총회에 참석하기 위하여 프랑스 파리로 갔다. 당시 민병기 주프랑스 대사와 함께 그 회의에 참석했는데, 회의 첫째 날에 중국과 소련이 우리나라를 맹비난하고 규탄했다. 그 얼마 전에 일어난 광주민주화운동의 무력진압을 거론하며 나온 발언들이었다.

당시 그 문제는 해외에서 큰 스캔들로 문제시되고 있었다. 한국 대표인 우리로서는 본부의 훈령에 따라 뭔가 변명을 해야만 했는데 그게 쉽지 않았다. 해명할 논리가 마땅찮았다. 그렇다고 듣고만 있을 수도 없어 우리는 매우 곤혹스러운 입장이었다.

"민 선배님, 무슨 말이든 해명을 해야 되지 않겠습니까?"

같은 학교 동문이어서 평소에도 선배라고 부르던 민 대사에게 몇 차례 권유했으나 그는 나서고 싶어 하지 않았다.

민 대사의 성격이 신중하고 조용한 편이기도 했지만, 당시 광주 문제는 국제적으로 평판이 아주 안 좋아 어쭙잖게 해명에 나섰다가는 더 큰 불신을 초래할 우려도 있었다. 때문에 민 대사는 이런 판에서 무슨 말을 하겠느냐며 시종 침묵을 지켰다.

수석대표인 그가 가만있는데 내가 나설 수도 없고, 나선다고 해봐야 명쾌하게 반론할 말도 없기에 그냥 불편한 상태로 회의장에 앉아 있었다. 사실 이상의 과도한 비난도 많았지만 묵묵히 견디는 수밖에 없었다.

그런데 회의가 한창 진행되고 있는데 어느 순간부터 가슴에 묘한 통증이 왔다. 뭔가 심장이 뻐근해지는 느낌이었다. 불편한 상태로 화를 삭이느라 그런가보다 했다.

저녁에 대사관저로 돌아와 밥을 먹을 때도 증세는 가라앉지 않았다. 그래서 맥주를 몇 잔 마셨는데 몸 상태가 급격히 이상해졌다. 안 되겠다 싶어 회의에 함께 참석했던 김종훈 서기관(훗날 통상본부장을 역임, 현재 국회의원)에게 말했더니 병원에 가보자고 했다.

밤이라 문을 연 병원이 없어 한참 돌아다니다가 어느 작은 병원 문을 두드려 외교관 신분을 이야기하고 들어갔다. 의사는 심전도검사 등 몇 가지 검사를 해보더니 뉴욕에 돌아가는 대로 큰 병원에서 정밀검사를 받아보라고 했다. 뭔가 심각한 것 같은데 자세한 말을 안 해준다는 느낌이었다.

다행히 유네스코 회의 기간에는 더 이상 몸에 문제가 없었다. 그래서 뉴욕에 돌아온 다음에는 그 일을 잊고 평상시처럼 지냈다. 그런데 파리에 다녀온 지 한 달쯤 지났을 때였다. 한국인 의사가 원장으로 있는 어느 병원을 지나는데 그 일이 문득 떠올라 바로 들어가 검사를 받아보았다.

검사를 끝낸 의사는 심각한 표정으로 내일 당장 큰 병원에 입원해 수술을 받는 것이 좋겠다고 했다. 우리 몸에 중요한 관상동맥이 3개인데, 그 중 하나가 70% 이상 막혀 있어 위험한 상태라고 했다. 지류 몇 개는 이미 터졌다는 말도 했다. 의사의 말로는 관상동맥의 어느 지류에는 이미 심장마비가 왔다는 것이었다.

다음 날 뉴욕대학병원에 입원했다. 검사 후 전공이 다른 전문의 3명이 한꺼번에 병실로 찾아와 내 아내가 있는 자리에서 자세한 설명을 해주었다. 환자에게 많은 시간을 할애하지 않는 우리나라 병원과 달리 의사 3명이 협진을 하며 상세히 설명해주는 것이 인상적이었다.

결론은 심장이 위태로운 상태라는 것이었다. 의사들은 수술을 권유했다. 수술 중 치사율이 0.01% 정도 되지만 비교적 안전한 수술이니 큰 걱정은 안 해도 된다고 했다. 만약 수술을 하기 싫으면 당장 금주금연을 하고 체중부터 줄이라고 했다.

당시 내 몸무게가 90킬로그램 가까이 나가고 있었는데, 체중을 1킬로그램만 줄여도 심장 부담이 많이 완화될 것이라고 했다. 8킬로그램 정도만 줄이면 수술을 안 해도 된다고 했다. 밀가루 음식과 설탕은 절대 먹으면 안 된다는 말도 덧붙였다.

나는 수술을 안 하고 치료하는 쪽을 선택했다. 당시 하버드대 입학시험을 준비하고 있던 장남에게 영향을 주지 않기 위해서였다. 나는 그날부로 술과 담배를 끊었고 음식조절과 함께 운동을 시작했다. 설탕은 지금까지도 먹지 않고 이콜<sub>equal</sub>과 사카린을 대용으로 쓰고 있다.

한때 그렇게 위험을 겪었지만 덕분에 체중을 줄일 수 있었고 지속적인 운동습관도 들일 수 있었다. 그리고 여든 살이 된 지금까지 그만하면 건강한 상태를 유지하고 있다.

관상동맥은 심장에 영양분과 산소를 공급하는 중요한 혈관이라고 한다. 그래서 관상동맥이 막히면 협심증이나 심근경색으로 돌연사할 가능성도 있다고 했다. 나중에 의사들의 그 말을 떠올려보면서 문득 이런 생각이 들었다. 유네스코 총회에서 광주 문제가 나왔던 것이 다행일 수도 있었다고.

동맥경화 자체야 전부터 서서히 진행되어온 것일 테니 그날의 회의와는 상관없다. 하지만 그날 심리적 압박을 받지 않았다면 자각 증상 없이 평상시처럼 생활하다가 갑자기 쓰러지게 되었을지도 모르는 일이다. 그래서 "인생은 새옹지마"라 하나 보다. 궁극적으로 인간의 생명은 하느님의 뜻에 달려 있고.

DIPLOMATIC
HISTORY OF
KOREA

# 유엔 대표부
# 건물에 대한 감회

∶

　나라 전체가 가난하던 1960년대에는 외교관의 처우는 물론 해외공관의 규모라는 게 참 변변치 않았다. 1966년도에 처음 LA 총영사관에 발령받아 나갔더니 자체 공관이 없어 윌셔 불로버드에 있는 남의 건물에 방 몇 개를 빌려 쓰고 있었다. 내가 거주하던 곳 역시 못사는 동네의 허름한 집이어서 외교관의 '관저'라고 부르기가 민망할 정도였다.

　그러다가 1970년대 후반에 들어서야 겨우 '공관구매 계획'에 따라 하나 둘 공관을 사들이기 시작했다. 뉴욕의 유엔 대표부 건물도 처음에는 타국 외교관들에게 부끄러울 정도로 허술

한 임차빌딩이었으나 1990년대 후반에야 자체 건물을 지어 올렸다.

그때 우리 유엔 대표부 건물을 설계한 사람은 아이엠 페이라는 유명한 건축가였다. 그는 중국계 미국인으로 파리 루브르 박물관의 유명한 유리 피라미드 입구를 설계할 만큼 세계적으로도 명성이 높았다. 우리나라 건축계의 태두로 불리는 서울공대 교수 이광노 박사가 그의 제자였다고 한다. 한국이 가난했다면 설계비만 200만 불 가까이 하는 그에게 건축 디자인을 의뢰하기는 힘들었을 것이다.

유엔 대표부 건물을 짓기 시작한 것은 한국이 안보리 비상임이사국에 진출해 있던 1996년이었다. 우리나라의 국가적 위상이 크게 높아져 있던 때라 페이는 우리의 의뢰를 기분 좋게 받아들였다. 나중에는 나와 개인적으로도 친해져 센트럴파크 근처에 있던 우리 관저를 리모델링해 주기도 했다.

페이의 사교 영역은 매우 넓고 화려했다. 그와 개인적으로 가까워지면서 나는 그의 단골인 최고급 이탈리아 식당에 자주 초대를 받곤 했는데, 그때마다 그의 주변에는 할리우드의 유명 여배우나 감독, 또 이름만 대면 알 만한 문화예술계의 사람들이 함께하곤 했고, 그가 소개하는 사람들을 만나는 것이 나에겐 매번 새로운 경험이었다. 어느 날은 페이 부부가 우리 부부를 자택으로 초대하여 만찬을 함께했는데, 그때 집을 장식하고 있던 17,8세기의 유물들에 크게 감탄하며 놀랐다.

유엔 대표부 건물을 한창 올리고 있을 때 우리나라에 IMF 사태가 터졌다. 그러자 본국에서는 12층으로 설계되어 있는 건물의 층수를 한 층 낮추라고 지시했다. 당시 건축비 계산에 의하면 한 층당 건축비가 150만 불 정도 되었다.

페이에게 그런 상황을 전달하자 그는 난색을 표했다. 외양 모습과 내부 구조를 모두 12층에 맞췄는데 낮추게 되면 아주 좋지 않다는 것이고, 또 자기가 설계한 건물을 변형하는 건 자존심도 허락하지 않는다고 했다.

그의 자존심도 인정할 만하고, 애초 설계된 디자인을 변경하는 것도 그의 말처럼 좋은 일은 아닌 것 같았다. 마침 한국에서 당시 재경부장관이던 한승수 박사가 뉴욕을 방문했다. 나는 한 장관과 아침식사를 하며 원래 설계한 대로 올릴 수 있도록 도와달라고 했다.

다행히 한 장관이 적극 도와주어 유엔 대표부 건물은 페이의 애초 설계대로 올라갈 수 있었다. 지금도 뉴욕에 가서 유엔 본부 바로 건너편에 있는 대표부 건물을 볼 때 처음 설계대로 올리기를 잘했다는 생각을 한다.

뉴욕 맨해튼 1번가와 2번가 사이의 45가에 위치한 대표부 청사는 지상 11층, 지하 1층 등 대지 271평 규모의 현대식 건물이다. 동양 전통의 미에 관심 있는 페이의 의지를 담아 건물

전체에 걸쳐 한국의 전통미와 현대적인 감각이 조화롭게 어우러져 있어 다른 나라 외교관들도 부러워하곤 했다.

뉴욕 센트럴 파크 근처에 있는 한국 대사관저 수리에도 페이의 조언과 도움이 적지 않았다. 중국 정부는 상하이은행을 설계한 페이를 기념하기 위하여 그가 살던 집을 국보급으로 보존하고 있다고 한다. 그와 가깝게 지냈던 것이 내 마음에 소중한 추억으로 남아 있다.

유엔 대표부 건물은 한국의 전통미와 현대적인 감각이 조화롭게
어우러져 있어 다른 나라 외교관들도 부러워한다.

# 외교관은
# 대한민국 국민의 국선변호인

:

2013년 가을에 전도연이 여주인공으로 나오는 〈집으로 가는 길〉이라는 영화를 보았다. 영화에 외교관이 안 좋게 묘사되어 있다고 해서 기억하고 있었는데, 마침 아내와 영화를 한 편 보려고 외출했던 날 그게 생각나 같이 보게 되었다.

들었던 대로 영화 속에 영사로 나오는 외교관은 관료주의의 전형 같은 형편없는 인물이었다. 주인공이 억울한 경우를 당해 감옥에 갇혔는데 그 영사는 자국민의 보호를 위해 하는 일이 거의 없었고, 나중에 주인공이 가까스로 풀려났을 때는 자기가 노력해서 그렇게 된 양 공을 과시하기에만 바빴다. 영화 그대로라면 참으로 몹쓸 인간이요 무책임한 외교관이었다.

그 후 후배 외교관들을 만난 자리에서 그 영화 이야기가 나왔다. 나는 사람들에게 "외교부에서 명예훼손으로 고소해야 되는 거 아니야?" 하고 농담을 했다. 웃으면서 말하긴 했지만 씁쓸한 농담이었다.

영화에서 특정 직업군이 안 좋게 설정되어 있으면 해당 직업에 속하는 사람은 기분이 좋지 않을 것이다. 나 역시 외교관이 그런 식으로 묘사되어 있는 것에 마음이 좀 불편했다. 영화 하나로 사람들이 외교관을 다 그렇게 인식하지는 않겠지만, 내가 평생을 일해온 외교관의 이미지가 그렇게 나타나는 게 달가울 리 있겠는가.

내가 해명할 일은 아니지만 굳이 한마디 한다면 영화 속의 그런 외교관은 있다 해도 극소수에 불과하다. 어느 물에서든 미꾸라지 몇 마리가 흙탕물을 만드는 법이다. 허나 건강한 조직이라면 그런 소수에게 핑계를 돌릴 게 아니라 시스템의 문제로 인식해 개선 방향을 찾아야 할 것이다.

사실 외교관뿐 아니라 공직사회 안에는 사명감보다는 개인의 영달에 더 신경을 쓰는 사람들이 전혀 없지는 않을 것이다. 그런 이들은 상사에게 지나치게 아부한다거나 자기 주관 없이 상명하복만 중요하게 생각한다. 이런 사람들은 직원들의 창의성과 자율성을 가로막아 복지부동하게 만들고, 그 피해는 고스란히 국민에게 돌아간다.

해외 영사들의 첫 번째 임무는 국민 보호이다. 요청이 따로 없어도 선임되는 국선변호인처럼 주재국의 모든 교민과 현지 여행객들을 보살필 의무가 있다. 그런데 간혹 국민보호를 생색도 나지 않는 허드렛일로 생각하는 사람들이 있다.

그 점에서 외교부나 다른 정부부처에서도 지금까지의 관례에 어느 정도 문제가 있는 건 사실이다. 외교부의 경우는 상시적인 현안과제인 남북 간 문제를 비롯해 한미, 한일, 한중, 한러 문제, 또 유엔에서의 다자 외교나 주요 통상교섭에 경력이 있어야 유능한 외교관으로 평가받는다.

그러다 보니 해외에 체류하는 국민의 안전을 다루는 영사업무는 외교관들이 열심을 다하지 않는 경향이 있다. 해외주재 외교관의 중요 임무 중의 하나는 자국민의 안전과 이익을 보호하는 일인데, 그런 일들이 외교관 개인으로서는 빛이 나지 않고 경력에도 큰 도움이 안 된다고 생각하는 경향이 있어 소홀하게 취급되는 경우도 없지 않다.

특히 외교관이 배출되던 초기에는 사명감을 제대로 갖추지 못한 사람들이 들어왔을 수도 있다. 고등고시라는 게 일단 머리만 좋으면 시험과목을 달달 외워 합격할 수 있고 보니 인성이나 직업적 철학은 뒤로 밀릴 수밖에 없었다.

그런 점은 사법고시로 등용되는 판검사도 마찬가지고, 일반

공무원도 사실은 크게 다르지 않을 것이다. 대부분 취직을 위해 공부한 것이지 처음부터 무슨 거창한 사명감으로 응시하는 게 아닐 터이니 말이다.

그러니 중요한 건 뽑은 다음에 철저하게 교육을 시키는 일이다. 외국에서는 외교관 하나 키우려면 정치, 경제, 인문예술 등 다방면의 교육을 상당히 오랜 기간 시킨다. 캐나다 같은 선진국에서는 외교관으로 선발되는 절차가 1~2년을 훨씬 넘는다고 한다. 중국 같은 경우도 '하방'이라고 하여 외교관이 될 사람은 농촌으로 보내 다양한 경험과 교육의 기회를 준다고 알고 있다. 한데 우리나라는 그런 점이 부족했던 게 사실이다.

2013년부터는 외무고시가 사라지고 국립외교원에서 실시하는 외교관 선발시험에 의해 외교관이 배출되고 있다. 그러면서 시험만 잘 치는 인재들을 모집하는 것이 아니라, 아프리카나 러시아, 중동 등 다양한 지역에서 전문적인 지식과 역량을 가진 이들이 많이 선발되고 있다고 한다. 들기로는 올해 지역외교인재 부문에서 가장 높은 점수를 보였던 합격자는 인도의 명문 델리대학교 출신이었다고 한다.

이처럼 외교관 선발 통로에서부터 지역별 외교 인재와 석사 이상의 학력을 소유한 외교 전문가들을 별도로 선발, 양성함으로써 다양한 실무 전문가들이 나오고 있다. 때문에 외교부 내의 일부 폐쇄성이나 매너리즘이 만약 있다면 앞으로는 점진적으로나마 변화될 것으로 기대된다.

판검사가 하나의 사법기관이듯 외교관 또한 한 사람 한 사람이 나라를 대표한다. '국가의 대표자'라는 명분에는 공직자로서의 애국심이 전제되어야 하고, 그 점이 외교관으로서의 긍지와 영광이기도 하다. 또한 외교관들은 아래위 직급을 떠나 국익 수호라는 똑같은 임무를 맡은 동료들이다. 우리 외교관들이 이와 같은 자부심과 주체의식을 가슴에 담고 있으면 〈집으로 가는 길〉의 그런 불미스러운 경우는 생기지 않을 것이다.

박수길 대사가 들려주는

# 그동안 우리가 몰랐던
# 대한민국 외교 이야기

**초판 1쇄 발행** 2014년 12월 3일
**초판 2쇄 발행** 2016년 2월 23일

**지은이** 박수길
**펴낸이** 이범상
**펴낸곳** (주)비전비엔피 · 비전코리아

**기획 편집** 이경원 박월 윤자영 강찬양
**디자인** 최희민 김혜림 이미숙
**마케팅** 한상철 이재필 김희정
**전자책** 김성화 김소연
**관리** 박석형 이다정

**주소** 우)04034 서울특별시 마포구 잔다리로7길 12 (서교동)
**전화** 02) 338-2411 | **팩스** 02) 338-2413
**홈페이지** www.visionbp.co.kr
**이메일** visioncorea@naver.com
**원고투고** editor@visionbp.co.kr

**등록번호** 제313-2005-224호

**ISBN** 978-89-6322-073-4 03340

· 값은 뒤표지에 있습니다.
· 잘못된 책은 구입하신 서점에서 바꿔드립니다.

이 도서의 국립중앙도서관 출판시도서목록(CIP)은 서지정보유통지원시스템 홈페이지(http://seoji.nl.go.kr)와
국가자료공동목록시스템(http://www.nl.go.kr/kolisnet)에서 이용하실 수 있습니다.(CIP제어번호: CIP2014032168)